破壊と再生の伊勢神宮

破壊と再生の伊勢神宮

ジョルダン・サンド
Jordan Sand

岩波書店

目次

〈凡例〉

- 引用文の出典や本文叙述の典拠などを示す際には、原則として、［野呂田、二〇〇五］［Drexler, 1955］［⑱三四二頁］のように略記し、その詳しい書誌情報は巻末の「参考・参照文献一覧」に表示した。
- 引用に際しては原則として、旧字体は新字体に、旧仮名遣いは新仮名遣いに改めた。

序　章　銅鏡と毛布

地下から地上へ

人間の手で作られるすべてのものは大地から来て大地に戻ろうとする。木は腐り、鉄は錆び、石造のモニュメントさえいつかは崩れて土に還る。この世に自らの存在を永続させようとした社会は、その創造物を保存するのに腐心してきた。言語と文書の出現によって、人間は時を超えて自らの表象を永続させる新しい道具を獲得した。それでもエジプト古代文字の時代からデジタルの現在まで、物質的存在そのものを「モノ」として永続させたいという願望は消えることはなく、象徴物やモニュメントを建築し続けてきた。

六世紀にヤマト王が、その権力の中心であった畿内と、その知りうる限りの日本列島を見渡したとき、その眼前には他の王の墳墓が点在する風景が広がっていた。だが数世代のうちにこれらの墳墓には草木が生い茂り、堀は泥に埋もれ、建てた人の多くはその名も忘れ去られていた。点々と地面から露出して見えるのは、墳墓の主が生前支配していた軍隊や富を象徴する、人、動物の像、建築を象《かたど》った埴輪の大行進の名残であった。

これらの場所に権力者とその財産が地下に葬られているのは知られていたが、同時に、膨大な資材と労力を要した権力誇示が結果的にどれほど儚いものに終わったかも明らかだった。ヤマトの王はどうすれば自分の権力を永遠に示し続けられるかを考えたに違いない。そして自己の存在を投影できる別の手段を探した。法や宗教の典籍を大陸から移入し、編年史や神話を書かせ、聖俗両面から支配の正統性と権威を永続させようとした。さらに礎石や瓦屋根など大陸の技術を用いて何世紀も保つ宮殿や寺院を造営した。そして伊勢神宮において、彼らの権力と権威の中心的シンボルであった銅鏡を守る全く新しい工夫と装置を編み出したのである。

聖なる物質的存在をどう保存するかという課題の解決は、それまで代々採られてきた方法とは逆であった。すなわち銅鏡自体は地上に置き、その容れ物となる建築物を繰り返し建て直すことである。こうして伝統として「式年造替遷宮」が儀式化され、規範となった。七〜八世紀の頃から現在まで、二〇年ごとに前と同形の殿舎を新たに築造し、神体も神宝も旧殿舎から新殿舎に遷し、旧殿舎は解体、処分された。こうして正殿と神体の銅鏡は隣接する二つの敷地の間で往来する。伊勢の内宮《ないくう》で始まり、のちに外宮《げくう》他六〇以上の別社・末社でも行われるようになった造替遷宮は、時代が下ると他の「国社」とされた複数の神社でも行われるようになった。伊勢の二〇年周期の儀礼には、膨大な量の木材が必要とされ、造替作業及び神宝装束の新調には数千人の労働も動員される。

この二〇年周期の伝統がなぜ開始されたかを示す当時の記録はなく、推測するしかないが、歴史家の解釈は概ね次の三つに集約される。

(一)神道は清浄を重んじるため、定期的に神を新社殿に迎え入れなければならないとの思想に基づく。

(二)茅葺屋根と掘立柱《ほったてばしら》という木造建築は寿命が短いため、二〇年ごとに造替する必要がある。
(三)一世代の長さよりやや短い二〇年周期で造替することで、職人技術の伝承を保証し、元の形の完全な再生産が可能になる。

これらの解釈はもちろん互いに相反するものではなく、これらの複合的理由であったとは想像できるが、いずれにせよ推測の域を出ない。

伊勢神宮は七世紀末、天武・持統天皇の時代に現在に近い形をとったとされている。この時代には、すでに一世紀以上前からより高度な大陸の建築様式が日本の社寺などに用いられていたので、伊勢神宮は技術的に時代錯誤の建物であった。あるいはイメージとしての「旧式」建築だったかもしれない。例えば一八、九世紀イギリスで流行したゴシック・リヴァイヴァル建築同様、式年遷宮の開始当初から伊勢神宮は意図的に後ろ向きの様式だったと言える。さらに重要なことは、ゴシック・リヴァイヴァルが洗練された外来の古典様式に対抗する「土着」のスタイルとして擁護されたのと同じように、伊勢神宮の原始的建築様式も自らの土着性の主張でもあった。技術や新様式が移入される状況を背景に、土着の意義が再規定される。この構図は一二〇〇年後に欧米から導入される思想や建築様式に対しても甦ることになる。

当時の日本列島の文脈で考えると、伊勢神宮は銅鏡、刀剣、錦などの威信財の収納施設という点では、それまで数世紀にわたり広く造営された墳墓と共通であった。しかし顕著な相違点がある。古墳は奉納品を堅牢な地中の石室に葬る巨大な土工事であったのに対し、この新様式のモニュメントでは頻繁に新築せねば保たない地上の木造建築物に奉納したことである。

また、歴史的観点で言えば、古墳との著しい相違はこうした建築の様式もさることながら、古墳は考古学的過去に属しているのに対し、伊勢神宮は記録され続ける歴史のなかに生きてきたことである。朝廷の命により編纂された『古事記』と『日本書紀』の年代は伊勢神宮式年遷宮の起源に近い。『古事記』は一般に七一二年の編纂とされ、最初の遷宮は六九〇年頃と多くの歴史家は考えている。神宮の歴史がこの豊富な国家記録の成立とほぼ連動するのとは対照的に、三世紀から六世紀までの古墳の建造に関わる文書はほとんど残っていない。

「歴史的時間の考古学」で考える

文書記録は日本ではかなり成熟した形で、歴史上に突然登場する。海外から輸入された知識によって国家が大きく再編される、相対的に短期間の出来事であった。記紀から明らかなように、書かれた時点ですでに天照大神は大和朝廷が維持する信仰の中心であり、伊勢神宮の内宮はその聖地であった。神話の時代(上代《じょうだい》)から歴史の時代へと区切りなく語られる記述として、天照大神と伊勢の地にまつわる複数の話が伝えられ、伊勢神宮の儀式を維持する王の信仰のありかをかなり知ることができる。

対して、古墳時代の王が自身や神についてどのような話を紡ぎ出したかについて、知られていることは僅かである。手がかりは遺品と大地の構造物しかなく、考古学の専門分野である「有史以前」、すなわち文字のない時代の研究は必然的に「モノの言説」に限定されることが多い。他方、伊勢神宮のように、その年月のほとんどを記録される歴史のなかで生きてきた聖地の研究は、宗教制度や信仰の言説に傾きがちである。

しかし、有史時代という歴史的時間を発掘調査する「考古学者」として私たちが伊勢を訪ね、考古学者が古墳で探すような物を求めたとしたらどうなるだろう。つまり、古代の神々にまつわる伝説や神秘ではなく、物品とそれにまつわる人間の行為に焦点を絞る。そこで「発掘」される物の歴史は、作られ、循環され、保管され、そして朽ち果てるに任されるか破壊されるという、物質的存在を通して見た歴史になるだろう。こうして貴重な物品や資材の蒐集と散逸という流れのなかで、神宮の手によって中核にある物の隠蔽にエネルギーが注ぎ込まれる一方、その周りに、あらゆる物の再生はさらなる盛大な富力の誇示へと至る様が見えてくる。

この仮説の考古学調査で、内宮からはもちろん天照大神の「御神体」とされる銅鏡「八咫鏡《やたのかがみ》」が出土し、また外宮にも豊受大神《とようけのおおみかみ》の御神体として類似の鏡がある。だが、考古学者を仮称する者としては、これら両宮の神々の名を知るよりもまず先に、銅鏡そのもの、すなわち中国漢代以降大量生産された、裏面に模様の刻された丸い銅鏡に遭遇する。また、末社でも内宮の中心部でも、聖なる「八咫鏡」に仕える形で、他に複数の銅鏡にも出会う。「御神体」は絹で包まれ、外側には木の箱が、その箱にもまた外箱がある。そしてこれら容器の周囲には御神体の付属としてさらに貴重品の集合体が用意され、加えてそれら全体の外側には御神体と付属品を収蔵する建造物が、またその周囲には垣がめぐらされ、聖なる物品と入れ物全体は大きなマトリョーシカ人形のような入れ子構造をなしている。

伊勢神宮の「歴史的時間」を考古学的に捉えるためには、九世紀初頭以降は伊勢神宮の造替遷宮について豊富な記録が残されているので、われわれの「考古学」は当然ながら出土品そのものの考察に限定される必要はない。むしろ、文献を通じて、一つの遷宮から次の遷宮までの短いスパンで様々な物の生涯を辿ることや、あるいは六三回に及ぶ正遷宮の歴史とその間の多数の臨時遷宮からなる約一三〇〇年の長いスパンにおける建築と神宝装束の集合体の生涯を辿ることもできる。式年造替遷宮は創立以来二〇年ごとに細部まで同一の形をそっくりそのまま絶えず再現してきたと言われることが多いから、この長い歴史は出来事の少ない歴史のように思われるかもしれないが、実際には遷宮の歴史には変化も中断もあり、また危機もあった。

遷宮の変化と造替の財源

この変動の歴史で造替遷宮の継続にとってとりわけ肝心なのが為政者による財源の確保であったことはいうまでもない。二〇年ごとに神宮の建物を建て替え、神具も一切取り替えるには莫大な費用がかかる。伊勢以外にもいくつかの主だった「国社」でも同じように式年造替が行われていたが、明治初期の財政困難により新政府は伊勢のみを国費で執り行うことになった〔清水、二〇〇六b、八一頁〕。そもそも律令制の下で伊勢の式年遷宮は神戸《かんべ》より徴される租税で支えられていたが、九世紀以降神宮は神郡《しんぐん》以外に荘園も持つようになった。一〇九五(嘉保二)年の記録では、この時期には遷宮に要する「大神宮役夫工米《だいじんぐうやくぶくまい》」が朝廷の支配が及ぶ範囲の「国内一同」より広く取りたてられていた〔稲垣、一九七五、一八一頁〕。だが荘園制の崩壊後、戦国時代の混沌で神宮の財源は底を突き、正殿は風雨で荒れ果てた。一五世紀後期より一六世紀後期までの一世紀は正式な遷宮は行われず、一四九二(延徳四)年には戦乱が内宮の瑞垣《みずがき》内にまで及び、心御柱《しんのみはしら》が折れ、正殿は血で汚された。一五〇〇(明応九)年には内宮の東西両宮地には何も建っていなかったという。

一五八二〔天正一〇〕年になって織田信長が遷宮料を寄進し、ようやく正式な遷宮ができたが、工匠の伝承はすでに絶たれ、以後の神宮建築は古い文書に頼って再現しなければならなかった〔福山、一九七五、二二六頁〕。工匠たちも一貫して同じ系譜だったわけでもない。造営組織の頭は一一世紀ごろまでは都から派遣された人物だったが、その後は伊勢在地豪族出身の神職の家来に代わったようである〔稲垣、前掲書、一八六〜一八九頁〕。毎回原形に忠実に再建されると一般には理解されているが、装飾や建物の配置が数回大きく変わっていることは建築史専門家の間ではよく知られた事実である。要するに、連綿と続いたとされる遷宮の伝統は、実は激動する歴史の波に翻弄され、変貌し、さらに崩壊寸前にまで陥ったあと再び姿を見せるという複雑なものであった。それでも朝廷か朝廷が認めた大名が神宮の財源を保証できれば遷宮は行われ、そこで国家儀礼のパトロンとしての力が再確認されたのである。

「王政復古」を唱えつつ天皇を近代的な君主に仕立て直した明治維新は、伊勢神宮の内宮を国家的信仰の頂点に置き、それを制度として新たに整え、強化した。明治維新以来、神宮の重要な改革は数多い。そのため明治時代そして以降の出来事は本書において中心的な位置を占める。天皇制国家では政府が神宮を再び国家直属にし、内宮を皇室の「大廟」と再定義した。国家への収用に伴い、神宮経営と儀礼の実践も総合的に改革され、神宝と建築という物質的存在の扱いも大きく変わり、また式年造替遷宮も例外ではなかった。近代国家にとって新たな意味を賦与された遷宮には、全く新しい伝統も求められたのである。

威信財システム「ポトラッチ」

世界中で様々な形の威信財システムが確認されている。なかでも文化人類学者の間で有名なのは、一八世紀から二〇世紀初頭までアメリカ大陸太平洋岸北西部の先住諸民族、特にいわゆるクワキウトル(Kwakiutl)民族、が行っていた「ポトラッチ」である(注:当時Kwakiutlと呼ばれていた民族の子孫は現在Kwakwaka'wakwと自称しているが、ここでは文化人類学文献で歴史的に使われた呼称を採る)。クワキウトルの事例に基づき、人類学者は「ポトラッチ」の語を、権力誇示のため物品を大量に集めて分配し、時にそれを破壊もする儀礼的行為を指す概念用語として使う。本書では式年造替遷宮を一種の「ポトラッチ」と解釈しうると提案する。現に、何世紀にもわたる社会、政治、信仰の変化のなかで、伊勢神宮で最も安定的に継続しえたものは、貴重な物品と資材を繰り返し動員して処分することで神宮を支える為政者の権力を誇示する行為だったのである。あえて全く異なる文化的環境からの「ポトラッチ」の概念を遷宮の歴史を考える一つの道具として応用してみたい。

歴史学、宗教学、民俗学、建築史学などの分野で、伊勢神宮とその建築、神宝、儀礼などを調べた研究は膨大にある。しかし総体として、短命の材料から造られた建築に永久性を求め、樹齢千年にもなる老大木を伐って、崇敬をこめて丁寧に加工した後、僅か二〇年の使用の後処分すること、また全国で最も高い技術を持つ職人たちに、金や宝石で装飾した数多の品々や最高級の錦を作らせた上で、人目に触れないところに即座に仕舞い込み、その後に分配・処分に回すこと、こういった遷宮伝統の根本的な特異性について、満足できる説明はない。「ポトラッチ」概念を通じて、これら様々な物の動きに改めて目を向けることで、新鮮な観点から式年造替遷宮を考えることができると思う。

このポトラッチの観点によって遷宮を普遍的な枠組みの中で歴史的に分析することが目的であって、ポトラッチこそ遷宮を解く「秘密」あるいはそのユニークな本質だと主張したいのではない。すべての伝統がそうであるように、伊勢神宮の伝統も複合体であり、背後に潜む唯一の本質を求めるのは意味がないだろう。それよりも、歴史を経て変容したのだから、その実践の歴史的記録によって捉えるべきである。世界のどこで現れようと、ポトラッチのような威信財システムはそれぞれ固有の歴史的文脈で展開してきた。交易など他の分配方法とも相互に作用するし、国家はそのシステムを管理・制御しようとするが、同時に国家がそれに依存することもあり、一層複雑に絡み合う。ポトラッチが見られる社会の核にある文化的本質とはこれだと断定するような解釈は、その内在的発展を見逃し、非歴史的なものになりかねないだろう。

中世における贈与経済を深く考察した桜井英治は、近代以前の日本は身分制社会であり、建武期のような限られた例外を除けば最高権力が概ね安定的で、財力を誇示するポトラッチ社会ではなかったと判断した[桜井、二〇一七、七〜一八頁]。私は基本的に桜井と同意見であるが、しかし以下で説くように、ポトラッチを権力が吸収し変貌させることができていても、社会から完全に消し去ることはできないということを表すものとして、遷宮はこの問題を考える示唆的な例外だと考える。

財産の喧嘩

ポトラッチを遷宮の歴史学的分析の道具とし、不変の本質ではないとすることがなぜ重要かを明確にしておきたい。そのために、伊勢からしばらく方向を転換し、そもそもポトラッチの名称が生まれ

図 P-1　1907年にアラートベイ(ブリティッシュコロンビア州)で行われたポトラッチの様子(City of Vancouver Archives 所蔵). 参加者は大量の道具や毛布などを積んだ箱を囲んで分配を待つ.

たアメリカ大陸太平洋岸北西部の社会の姿と、代表的な文化人類学者たちがその社会をどう解釈したかを見てみよう。

一七九二年にイギリス海軍士官ジョージ・バンクーバーが出会い、その約一世紀後に人類学者フランツ・ボアズが研究対象としたクワキウトル族は、当時、定住的で裕福な社会を形成しており、ステータスを非常に重んじる民族であった。神からの系譜を主張する有力者たちは宴を主催し、そこで地位に応じて富を分配した。クワキウトル社会の全員が切望したこの宴の決定的な特徴は「過剰」という点にあったが、分配の儀式自体はお祭り騒ぎではなく厳粛な雰囲気で行われた(図**P-1**)。貴重な物品を蓄え、それを人に贈与し、場合によってはそれを破壊もしてみせて富の力を示し、そのことで有力者は社会的地位を維持した。かつては贈与の品は動物の毛皮が中心だったが、毛布が持ち込まれてからは毛布が最も多く使用された。この毛布はカナダ全域で交易を支配していたイギリスの植民地会社ハドソン・ベイ・カンパニーが大量生産していたものだった（ちなみに、この会社は現在もカナダ最大のデパートである）。何百何千枚もの毛布がポトラッチで贈与されたが、この競争的分配システムの頂点に君臨したのは、毛布ではなく銅板であった。銅板か、割った銅片を贈与したが、完全に破砕されたり海に捨てられたりすることもあった。

太平洋岸北西部先住民のポトラッチの研究は近代の文化人類学の基礎をなしている。バンクーバー島でボアズがその調査を始めたのは一八八〇年代で、ボアズ以来、物品を大量に分配したり破壊したりするこの派手な行為の意味をどう解釈するかは、時を経て移り変わる視点とともに変化していく。ボアズはポトラッチを完結した相互関係の制度と見て、この制度の洗練を強調していた。これは白人の植民地官吏が推進する、不条理で浪費好きの退廃した先住民というステレオタイプへの対抗でもあった。マルセル・モースの古典 *Essai sur le don*（『贈与論』一九二五年）はボアズを受け継ぎながら、近代資本主義のアンチテーゼとして解釈を拡大し、ポトラッチを社会関係のすべてに関わる、参加者のあいだで共同体維持に不可欠なものと認識された交換システムとみなし、「全体的給付」と命名した［モース、二〇一四］。

一九三四年、ボアズに学んだルース・ベネディクトは、人類学史上最も人気を得ることになる *Patterns of Culture*（『文化の型』）を出版したが、そこにはベネディクトが分析した三つの「型」の一つにクワキウトルのポトラッチがある。ボアズや他の研究者のフィールドワークを援用しつつ、彼女はポトラッチに見られる過度な消費を独特な人格の「型」の表現と捉えた。ベネディクトはクワキウトル人を「誇大妄想狂的偏執狂的」な人格的特徴を表す民族と解釈した。彼女の眼には、ポトラッチという「全経済体系」は自己陶酔が「理想的人間像の根源的特質」だとするクワキウトル人の「妄想」に由来していると映ったのである〔ベネディクト、二〇〇八、二七七、三一七〜三一八頁〕。

ベネディクトの人格論は物理的世界に存在する物と行動を根拠にして、対象となる人間の基本的心理を解釈するものであった。その「人格型手法」は現代の文化論にもよく見られるが、歴史を通して社会全体に一貫して共通する本質的な態度や信心（国民性）の存在を追求しようとするものである。この手法でベネディクトは文化人類学者として進むべき道を見失うことになった。非歴史的全体論といえるこの解釈法では、一つの社会に存在する多様な個人の差異だけでなく、重大事件などが社会全体に世界観や行動の変化を及ぼす可能性も隠蔽されてしまう。

第二次世界大戦中に執筆され、一九四六年に完成した *The Chrysanthemum and the Sword*（『菊と刀』）において、ベネディクトはその「人格型手法」を日本社会に応用している。クワキウトル社会が自己陶酔に動機付けられているとしたように、日本は恥と忠誠によって動かされる社会とベネディクトは説く。戦後の日本文化論の多くは『菊と刀』にそのルーツを辿ることができる。クワキウトルの場合と同様日本のケースでも、「人格としての文化」というアプローチは鮮やかで単純明快だったが、歴史性はその分犠牲にされ、結果として、『菊と刀』は敗戦による日本国民の政治意識の大きな変化を全く捉えられなかった。終戦直後の世論調査では何らかの形で天皇制を維持することに賛成する回答が過半数を占め、保守系政治家は昭和天皇自身を守ることに努めたが、天皇に対する「万分の一も返せない恩」「陛下の御心を安んじ奉る」といった、それまで蔓延《はびこ》っていたレトリックを日本人の性格の基礎的特徴の表現だとするベネディクトの主張とは裏腹に、これらの表現は一九四六年以後ほとんど誰も口にしなくなったのである〔ベネディクト、二〇〇五、一五〇頁〕。

クワキウトル社会の場合、ボアズが記録した社会的形態が出現する背景に白人との接触がいかに重大な影響を及ぼしていたかについても、ベネディクトの人格型手法は決定的な盲点がある。例えば白人植民者が媒体となった伝染病でクワキウトルの人口が数分の一まで激減し、また伝統の大半が禁止されたが、『文化の型』には同時代のそうした地域の現状を認識した記述はない。

ヘレン・コデールの *Fighting with Property*（「財産の喧嘩」邦訳書未刊）〔Codere, 1950〕という研究によって、クワキウトルとポトラッチは再び歴史に位置付けられた。ボアズとベネディクトの教え子であったコデールは、先駆者たちが目撃し解析した状況が、実は人類学者自身の介入をも含む先住民地域へのヨーロッパ人到来という直近の歴史的事件によって強く影響されていたことを明らかにした。外来の病原体は劇的な人口減少をもたらしたため資源の余剰を生み、毛布などの商品とともに持ち込まれた銃も、クワキウトル社会のバランスを崩した。これらの大異変は部族間抗争の終焉とエリート層の統合にも繫がっていた。つまりボアズとベネディクトが「完結した文化」として描いたものは実際には「接触文化」であり、外部との交流による急激な変化を辿る過程にあったのである。

ボアズが一九世紀末に記録した形でのポトラッチの慣習は、太古より不変なクワキウトルの一般的な特徴ではなかった。それどころか、その社会が外来の影響によって安定を崩され、新商品の洪水に遭遇して危機に瀕した貴族階級がその分配を掌握することで自らの特権を維持しようとする努力であったことが、コデールの分析を通じて明らかになってきたのである。従来の慣習であったポトラッチは、外来品の流入によって物品の破壊まで含む過剰な宴に変貌していた。ハドソン・ベイ・カンパニーの毛布は、実用性と均質性を有し、金銭でいくらでも手に入るものとして、この新しい威信財分配システムのなかで通貨のような要の位置を占めた。

同時に、モースらの比較論的研究で明らかになったように、ポトラッチは広く見れば、世界中の社会に見られる威信財競争の極端な一形態に過ぎなかったのである。貴重な物資の分配、消費と破壊を通じた力の誇示は、武力による征服の代償行為であることを当事者も認識していた。コデールはクワキウトルの言葉を引用してこれを「財産の喧嘩」と呼んだ。哲学者ジョルジュ・バタイユは、物資によるこの闘争のイメージを拡大して、このような文脈での贈与は「権力の獲得」であり、「資源の甚大な消費」には力ずくで相手に勝つ「動物的な要素」を「贈与の価値」の下に従属させる役割があると述べている［バタイユ、二〇一八、一〇九〜一一〇頁］。

贈与の力を独占する

本書では、私もモースに倣って「ポトラッチ」を「競争的全体給付」、つまり権力誇示としての物品授受、という広い意味で使う。モースが指摘したように、物品の破壊は「返礼」を不可能にするため、贈与の究極の表現である。古代の文献史学と考古学研究の成果から、律令国家成立以前の競争的贈与と物品の破壊は、ヤマト王とそのライバルの有力豪族との関係を構造化する要因であったことが示唆されている。以下で論じるように、中央政権を樹立したヤマト王は、この競争から距離をとるのと同時に伊勢にて、自分の権力を示す新たな資源の「消費」の形態を創造したのである。贈与による巨大な力を国家によって独占することが目的であった。しかしながら、その後の長い歴史のなかで、伊勢をめぐって様々なポトラッチ的習慣が再浮上した。

アメリカ大陸太平洋岸北西部とは異なり、古代日本は大陸からの輸入品や疫病の流入を数十年の災難などではなく数百年にわたり様々な変動を伴うより緩やかな過程として経験し、この過程で海外の勢力に飲み込まれることから免れた。結果として、日本の場合、外部との接触はむしろ土着の国家統合に発展していったのである(とはいえ中国からの文物や製品はもちろん、朝鮮半島から日本列島に移り住んだ渡来人もこの統合過程自体に決定的な役割を果たしてもいた)。伊勢神宮はこの国家統合プロセスに出現する。一方、貴族間で激越な競争状態となっていたポトラッチ行動をカナダ政府によって抑制させられた太平洋岸北西部先住民は、土着の国家統合への動きが中断されてしまう。こうして自分たちの「大神宮」を創建するチャンスを奪われたといえる。現存する北西部先住民の宗教建造物の技術的頂点を代表するのは木製のトーテムポールだが、その大半は植民地時代の遺産としてカナダやアメリカの博物館に移されている。

伊勢神宮が現在に近い形に発展する七、八世紀の時期は、銅鏡を地中に葬る風習から、それをヤマト朝廷のために維持されている地上の建築の中に保存する風習に移行する時期に一致する。国家統合過程はこうした変化を伴いつつ、唯一の支配者の権力が主張され、複数の権力拠点間の争いに終止符を打つ。以後、地域の権力者は、ヤマトに縁を持つ社寺への奉納を余儀なくされ、ヤマト朝廷が決めた形式で「財産の喧嘩」をする他ない状態に置かれた。クワキウトルのポトラッチと同じくこれらの贈与は意図的に派手であったが、しかし一つの氏族が威信財システムを占有したのであった。

本書の構成

本書においては、式年造替遷宮の開始から現在まで繰り返されてきた破壊と再生の歴史のなかに現れる物資の調達、贈与、消費、処分といった諸問題を検討し、古代以来、遷宮の継続が様々な形で列島の政治と密接に関連していたことに焦点を当てる。第一章はヤマト王権と神宮の前史を扱う。ヤマト王は古墳時代に盛行していた銅鏡、刀剣などの威信財競争から離脱して、伊勢神宮において唯一の鏡を永久に地上で保つ戦略を採用し、そして自らの政権を確立した。神宮で完成したこの新しい循環システムは、理論上は閉じたシステムだったが、実際にはその後の数世紀の歴史のなかで、物品の寄贈、建築物の解体や処分、再分配、さらに神宝などの盗難により、貴重品も資材も神宮を通過して流通したことが神宮の記録からわかる。これが第二章の課題である。

以下の章は主に近代における神宮と式年造替遷宮の変化を取り上げる。明治時代の神宮の改革は、一面で大衆的ポトラッチを抑制するものであった。それは国家と神宮内外の物的財産との関係を総合的に再構築しようとする動きとして捉えられる。また近代の神宮は、国立博物館や博覧会などとともに、国の財産の支配とその誇示における天皇制国家の新たな役割をも表現していた。この役割は政府のみならず地域や国の威信を推進するエリート市民に支えられ、そしてメディアによって宣伝された。その一方で、神宮の境内、建築、神宝、儀礼が新たな形で国民国家のために動員されることになったが、このことは明治以前、神宮と神宮にまつわるすべての物質が体現していた聖なる力と大衆とを直接繋いでいた分配経路が縮小することをも意味した。

第三章では、明治維新後に神宝の扱いがどう変化したかを見る。それまで分配されたり破壊されたりしたものの大半が保存の対象になり、博物館展示枠に位置づけられることになる。近代の遷宮における八咫鏡とその容れ物の運命を第四章で考察する。明治初年から聖なる器「御樋代《みひしろ》」に使用されている金の処分が国家的問題になり、各省庁が巻き込まれ、解決には四〇年以上が費やされた。そして器と御神体そのものの物質性に関わる多様な疑問を浮かび上がらせた。最終的に器を永久に封じてしまうことで決着が付き、以後はその不思議な中身は、手で触れることはおろか眼に触れることさえ一切不可能になった。第五章は、数年間にわたる遷宮過程のクライマックスといえる鏡を移す儀式、いわゆる遷御《せんぎょ》の歴史的変化を分析する。熱気溢れる大衆的お祭りは、明治時代に入って厳しく統制された天皇制の表現へと著しく変貌した。第六章では、式年造替遷宮を森林伐採の文脈で検討する。最近流布している伊勢神宮の「エコ」なイメージとは対照的に、遷宮は長らく原生林の伐採に頼ってきた。地元住民との森林をめぐる争いもあった。二〇世紀には遷宮用材の調達はついに危機に直面することになる。第七章は近世・近代の神宮で起こった火災事件を扱う。ここでも明治維新は大きな変化をもたらした。維新後の市民社会と地域エリートは神宮を国の特別な財産と「国体」の具現と見なし、災害から神宮を保護するよう国に要求した。

第八章では若干本題から逸れて、式年造替遷宮の意味がどのように語られてきたかを見る。多くの研究者が遷宮出現の意味の解明を試みたが、結局のところその「意味」は、歴史とは別の、文化的あるいは形而上学的な問題領域に属している。むしろ様々な文献が示すのは、遷宮の意味の追求自体が近代以降に登場した新しい動きだったことであり、この章全体として、式年造替遷宮に関する近代の言説史を辿ることで、その解釈も、式年遷宮自体の歴史と同様、再発明と激変を経てきたことが明らかになる。

最後に用語について一言加えたい。本書のタイトルに「破壊と再生」という言葉を用いた。これはもちろん式年造替遷宮の過程を新たな方法で捉え直してみるために選んだ表現で、その過程を指す通常の表現ではない。ここでの「破壊」とは神宮造替に要する膨大な材木や他の資材の消費とともに、遷宮論で通常無視されがちな建物の解体やかつて行われていた神宝の埋蔵習慣など、遷御後に行われる行為をも指している。そして「再生」は新しい殿舎の建立、神宝の製造などを意味するが、同時に歴史における遷宮の伝統が様々に創出され、再発明されてきたという含意もある。英語文献では遷宮はrenewal（再生）と訳されることが多い（伊勢神宮の海外向け広報ビデオなども同様である）。しかし、遷宮の儀式は果たして神宮が再び生まれる、つまり新しくするための儀式なのかは、近代神道学において議論されている問いなのである。少なくとも言葉の上では、「遷宮」は宮を遷すことであり、新しくすることを意味しない。英訳は正確にはrenewalではなく、removal（移動）になるだろう。無論、この移動に伴い、資材を遠くから引き取り、新しい建築物と新しい物品を繰り返し製造するので、遷宮の大部分を「新しくする」プロセスと呼びうる。しかしながら、「再生」とともに、この儀礼過程のなかで、それら貴重な資材は再び、破壊、変質、再分配などを経過していく。そして人間の手で作られるあらゆる物質的存在の運命として消滅していくのである。

第一章　古代国家とポトラッチの変貌

威信財としての銅鏡

日本列島最古の銅鏡は弥生時代中〜後期（前二〜後三世紀）に大陸から来た。以来、完形の鏡と鏡片は列島中に普及し、代々受け継がれたものも一代限りで葬られたものもある。早い時期から銅鏡を大量に貯蔵しようとしていた痕跡がある。九州の立岩遺跡では山積みになった前漢の銅鏡が発掘されているが、これらは朝鮮半島北部の楽浪郡由来とされている。大陸でも鏡が埋められたが、複数の鏡をまとめて埋めるのは日本列島特有の風習らしい。一般的には副葬品だが、後の大和天神山古墳など、複数の鏡が葬られているのに遺骸が発見されていないケースもあり、単に死者への随伴として埋められたというより、この貴重な財産の埋蔵そのものに意味があった可能性も示唆している［辻田、二〇〇七、一二一〜一三二頁］。

当初の日本人はこれらの鏡を製造できず、刻まれていた文字も読めなかったので、富と権力を象徴するエキゾチックな輸入品であったと想像できる。考古学者辻田淳一郎によると、分配か儀式の目的で意図的に割られた場合もあり、また鏡片の形で輸入された可能性もある。後年、列島でも製造が開始されるが、大陸の技術が優れていたので数世紀にわたり輸入品の方が価値は高かったようだ。二二〇年の漢の滅亡や三一六年の西晋の崩壊で輸入が途絶え、質的に劣る模造品の国内生産に拍車がかかる。それは約一三〇〇年後、明の崩壊で景徳鎮の染付磁器の輸入が途絶え、肥前の製造者がこれを模した焼き物を作り始めて、有田焼や伊万里焼が栄えたのと似た現象であろう。

弥生時代末期には銅鏡の出土は減少するが、古墳時代初期からは急増し、その分布と埋葬状況にはより明確な社会階層化が見られる。この段階は大量の中国製銅鏡の輸入で始まり、畿内がその分布の中心になる。つまり畿内の王が何らかの分配体制を築いたと見なされる。三世紀半ば頃のこの急変を、辻田はヤマト政権による支配の確立と解釈する。

三世紀末の『魏志倭人伝』には、二三九年に倭国より献上品を伴い都の洛陽を訪れた使者の記述がある。翌年、魏からは絹、錦、剣、そして銅鏡百面が贈られた。中国側の記録はこれ以前と以後の倭の使者にも触れている。さらに周知のように『魏志倭人伝』は卑弥呼と邪馬台国の謎も今に伝えている。卑弥呼が誰であろうと、その国はどこにあろうと、この時期に実際日本列島の権力者の一人を代表して中国に使者が送られ、鏡を大量に賜ったことは間違いないだろう。日本列島で出土した中国製銅鏡数百面の中で、銘から卑弥呼時代の魏のものは少なくとも一二枚確定されている。

東アジア全域に銅鏡とその製造法を伝えた交易と朝貢のネットワークにおいて、倭の国々はそのごく一部を占めたにすぎない。しかし、僻遠の地にある比較的にマイナーな朝貢国の倭に対して、鏡百枚もの大きな返礼をした魏の皇帝は、日本列島でこの輝く品がいかに重宝がられているかを察していたかのようである。卑弥呼時代とされる一二枚のうち数枚は、逆向きの文字や漢字の間違いなどの誤りがある（**図1-1**）。考古学者エドワード・キダー（J. Edward Kidder）は、倭への大量の下賜品は急ぎの注文として魏の職人に出されたので、一部は読み書きができない下請人に頼ったためにこの誤りが生じたのではないかという。請け負った職人は、相手はどうせ文字の読めない「野蛮な海のむこうの民族」だからとミスを見逃したのだろう、とキダーは推測している［Kidder, 2007］。

　大陸の鏡も日本列島で作られた模造品も重要な贈答品になったことは間違いない。銅鏡研究の古典『古鏡』において著者小林行雄は、漢が北の遊牧民匈奴《きょうど》に対して行ったように、畿内の王が九州から関東まで広く鏡を与えたと仮定し、銅鏡には複雑な贈与ネットワークのなかで同盟関係を堅固にする機能があり、裏面に同一模様の「同笵鏡《どうはんきょう》」が多数出土する事実は、一人の王が鏡の分配を支配していた証拠であるとした。

図1-1　「隅田八幡神社人物画像鏡」(5-6世紀). 古墳時代を通じて, 倭製鏡にも大陸輸入の銅鏡にも銘文に複数の不可解な文字があり, 当時の利用者の漢字を読み書きする能力が限定的だった可能性を示唆している.

　小林の研究以来、この贈与交換のシステムがどの程度集権化したヒエラルキーを形成していたかについて議論が展開されている。鏡の分布から、ジーナ・バーンズ（Gina Lee Barnes）は、一人の首長が他を凌駕してはいたが、国土を全面制圧した支配者はいない「同輩国家」（peer polities）間で広く流通したとしている［Barnes, 2003］。

辻田も、古墳時代の終わりまで地域権力の拠点間で分配と贈答の競争があったが、それを包含する「抽象的な空間」の上位に君臨する中央集権が未だ存在していなかった状態を想定している［辻田、二〇〇七、三二九頁］。

古い遺跡から、長期にわたり使い古した形跡のある鏡片や、紐を通して身につけたかどこかに掛けたりしたらしい穴を穿ったものなども出土していることから、弥生時代にはこの珍しい輸入品は断片でも価値が高かったことがわかる。これに対し、古墳から出土した完形の鏡の多くは長く使われた跡はなく、入手から一世代利用されて葬られるケースが多かったと辻田は解釈する。古墳時代にはある程度の中央集権化は起こっていたので、地域権力者はそれぞれの世代において地域で認められるためにヤマト朝廷に鏡を求めたという。鏡の授受によって代が替わるごとにヤマトの王と同盟国の関係が再生されたとすれば、王権の支配は、鏡が出土する全域にわたって安定的に及んでいたのではなく、個々の地域権力者と関係を維持し続けることで成立していたということになる。ヤマトの王も含めて各地域の権力者はこうして「求心的競争関係」の威信財システムに組み込まれていた。下垣仁志によると、最も重んじられた漢鏡は何代にもわたって保有されたケースもあり、交換システムの中には、保有する氏族が手放すことを許されない特別な地位の物も存在したことを示唆している［下垣、二〇一八、一一八〜一六三頁］。発掘されている古墳から判断すると、六世紀後半までには銅鏡に代わって武器が最重要な副葬品になった。しかしながら、何世紀にもわたって銅鏡は製造困難で珍しいものであり続けたし、また古墳の規模が大きいほど一般的に埋められている銅鏡は数も多く模様も豪華であった。それゆえ首長の間で銅鏡の蒐集や贈答の競争があったことは確実だろう。

千年近くの間、銅鏡は日本列島を回り、地中に埋められた。考古学者はその製造、分布、埋葬形式を調査し、詳細な時期区分を明らかにしている。威信財としての性格に関して、互酬性(reciprocity)があったかどうか、あったならばいつ頃までか、また威信財競争はいつまで続いたか、社会階層化がどう影響したかなどについて議論が展開されてきた。しかし、銅鏡などの威信財の流布に伴う実際の授受の場面や儀礼に関しては、考古学資料から把握できることは少ない。例えば、特定の物品の受領のために服従を表明する儀礼があったり、決まった返礼があったりしたか。王はその服従者に個別に威信財を与えたか、それとも定期的に王宮で大きな分配儀礼が行われたか。地方豪族はその支配者の葬儀に際して競って物品を献上したか、また返礼できないほどの貴重な物品でその競争相手や格下の豪族を圧倒しようとしたか、それとも地域レベルでは同等な授受がされていたか。

これらの鏡がその持ち主にとってどのような象徴的意味を持ったかもよくわからない。記紀神話に登場する天照大神の話から推測されるように、太陽崇拝の信仰に使われる神聖な道具だったのだろうか。大規模古墳の出土品のなかでも三角縁神獣鏡がとりわけ目を引く点から、地域権力者たちにとって裏面に刻まれた絵や模様の図像は重要だったろうか。今日のブランド品の模様やロゴマークのように、単にステータスとして価値があったとも推測できる。確実に言えるのは、元は大陸から輸入され、珍重され、贈与交換され、そしてのちに列島内で製造されるようになったこと、また威信財循環のシステムの中で重要な役割を果たしながら、古墳に埋蔵された鏡の多くはその寿命が尽きるはるか以前に武器、装飾品、貴重な織物製品などと一緒に地中に埋められた、ということである。

ポトラッチは威信財競争の極端な現れ方である。同等性も互酬性も前提としない。それどころか、モースが指摘するように、貴族階級成員の間で秩序が不安定な社会に出現し、参加者は価値ある物を入手しようとするだけではなく、返礼できないほど贈与することによって相手を「倒し」、自分の氏族の地位を上げようとする行為である。この競争の究極的表現は貴重財の破壊であり、この点こそが各地域勢力が他より盛大に財物を葬ろうとする古代日本の派手な埋葬習慣がポトラッチ的な性格を帯びている所以である。河野一隆は古墳を「威信財を浪費・破壊するための儀式装置」と呼んでいる［河野、一九九八、四四頁］。だが、これが同時に宗教的な意味を持つものでもあったこととは相反しない。ポトラッチをする社会において、貴重な財物で死者を弔いながら、富力も誇示し、同じ所作でライバル氏族に対して挑発することも可能であった。

古代日本の文化接触

古代日本の威信財交換の実態は不明な点が多く、詳細には記述できないが、一九世紀のクワキウトル社会と比較することで、威信財による競争が社会の中心的役割を果たすにはいかなる条件が必要かを考える手がかりを得ることができる。古代日本も一九世紀のアメリカ大陸太平洋岸北西部地域も温帯気候で、特に海洋産物と森林において優れた自然資源を有していた。この豊かな状況は支配的貴族階級の氏族に贅沢品の競争を許容した。そしてこうした状況下で、希少で珍重され、かつ交換可能な物品の限られた集合体が外部から流れ込み、氏族の構造が漸次上下に階層化するにつれ、その物品の循環が地位や個人のステータスに繋がるようになった。

装飾的な金属製品が最高の威信財だった両ケースの共通点も指摘できる。古墳時代の日本の銅鏡も太平洋岸北西部の銅板も、時には大量生産されることがあったにもかかわらず、硬貨のように均一な交換媒体ではなく各個体が固有の存在として扱われたようだ。またどちらの社会も、こうした貴重な金属製品の分配と処分に大量の布製品の分配が伴われていた。律令制以後も最も多く朝廷で分配されるものはやはり布製品だったし、伊勢神宮の神職にも遷宮などの儀式に際して絹錦が分配された。ハドソン・ベイの毛布と同じく、絹錦は比較的均一で計量可能なので、一種の通貨形態として循環しえたのであろう。

しかし人類史というスパンで考えると、クワキウトル社会と古代日本の根本的類似点は技術的に高度な文明との接触の影響にある。銑、銅板、機械織の毛布がクワキウトルのポトラッチを拡大させたように、銅鏡に代表されるアジア大陸からの輸入品は古墳時代の日本列島において威信財競争を触発し、貴族階級統合の引き金となった。時とともに規模が増大し埋葬品が豪勢になり、ついに畿内に集中する巨大な前方後円墳の建設で頂点に達した古墳こそがこの競争の証である。

この二つのケースには、実は接触がもたらす新しい病とその破滅的な結果も共通している。古代日本の場合は残念ながら資料は乏しいが、『日本書紀』には、崇神天皇の時代に列島を襲った伝染病が簡潔な文章で描写されている。

五年に、国内に疾疫多く、民死亡者有りて、且大半《なかばにす》ぎなむとす。
六年に、百姓流離《さすら》え、或いは背叛《そむくもの》有り。其の勢、徳を以ちて治め難し。
〔『日本書紀』巻五、崇神五年・六年条。㊿〕

この古代の疫病についてでは先史という雲の中のことではあるが、大陸の病原体との接触が原因と考えられる十分な根拠がある。酒井シヅが記すように、大陸との交易によって伝染病が列島に入ることはよくあった〔酒井、二〇〇八、二一～二三頁〕。崇神天皇の時代が歴史上何年かを特定するのは難しいし、初めて大陸と接触したのでもないが、『日本書紀』で「海外」の話が出現する最初の巻である。崇神以前の巻と比べて崇神天皇時代の記述は史実を指すと思われる戦役などの具体的描写も含まれており、この疫病の記録は大陸との接触があった時期に実際に起こった史実と考えてよさそうにみえる。

『魏志倭人伝』に書かれている使節団は洛陽か途中の港などで何かに罹患したのだろうか。現在、これを確認することはできない。一方、『三国志』には、二四二年、二五三年、二七四～六年に「大疫」が都〔洛陽〕で起こったという記録がある。銅鏡を百枚下賜された二三九年の後も数回倭国から使者を魏に送っている。しかし崇神天皇の巻に書かれている出来事の年代は不明で、一部は確実にフィクションである。いずれにしても、ウィリアム・H・マクニールが提示しているように、この段階の日本列島は大陸と様々な交易があったにしても、依然として高い孤立と低い人口密度を保っていたため、新たに入ってきた疫病は蔓延せず、集団免疫も獲得されなかったとみられる。そのため一世代に一、二度はあった接触は容易に破滅的な影響を持ち得た〔マクニール、二〇〇七〕。アメリカ大陸と同様、接触の経験は貴重な金属製品とともに致命的病原体も日本にもたらしたことになる。

『日本書紀』によれば、この疫病が伊勢内宮の創立につながる。前出の疫病の記述は次のように続く。

天照大神・倭大国魂二神を並びに天皇の大殿の内に祭る。然るに其の神の勢を畏り、共に住みたまうこと安からず。故、天照大神を以ちて豊鍬入姫命《とよすきいりびめのみこと》に託《つ》け、倭の笠縫邑《かさぬいのむら》に祭り、仍りて磯堅城《しかたき》の神籬《ひもろき》を立つ。
〔前掲書、⑤〕

これまで天照大神と倭大国魂《やまとのおおくにたま》という神は宮殿で天皇の側に置かれていたが、疫病の後は「其の神の勢を畏り、共に住みたまうこと安からず」であるので離すことにし、笠縫に神籬《ひもろぎ》を造らせ、そこに天照(銅鏡であろう)を祀った。次の垂仁天皇の代にこの神は再び移され、伊勢に祀られるようになる。

現代の神道において神籬は竹や榊に、縄と紙垂《かみしで》で作る仮設の構造物を指すことが多いが、『日本書紀』で崇神天皇が造らせた神籬は「磯堅城《しかたき》」と形容され、石を使った堅固な構造物だったようだ。鏡を葬る長い伝統があった点や崇神期はほぼ古墳最盛期に近いだろうという点を考え合わせると、天照大神の鏡を畏れた天皇は、地上の構造物で祀るより、この時代の支配者の慣習通り地中に埋葬して対応しただろうことは想像に難くない。

また、仮に歴史上の崇神が実際に宮殿にあった神鏡のために何らかの石室を造って納めたのであれば、天照が天の岩戸に隠れた神話と降臨する瓊瓊杵尊《ににぎのみこと》に八咫鏡を自身の身代わりとして授けた神話は、神代の話として前後することになるが、伊勢神宮で神鏡を地上に安置するようになった時に埋蔵されていた鏡を発掘して移したことを説明する物語であったとも推測できる。

銅鏡埋葬の終焉とヤマト国家の成立

ヤマト王の永遠の権威を主張するために書かれた『日本書紀』はその支配の統合を過去に遡って記している。崇神天皇の巻にある出雲の神宝の話にこの意図が読み取れる。出雲はもちろんヤマトに対する、そして後の伊勢神宮に対する強い対抗勢力であった。『日本書紀』によると、崇神六〇年に天皇は出雲に収蔵されている神宝を見たいと臣下に命じたため、出雲では兄弟間の諍いと兄による殺人事件を生む。のちに兄はヤマトの朝廷に処刑され、出雲の神主は祟りを恐れて出雲大神の崇拝を控えるが、崇神の臣民の一人に託された神の言葉を受けて、崇神天皇が出雲に、鏡と玉を含む出雲の神々が宿る品を再び崇拝させる〔『日本書紀』巻五、崇神六〇年〕。この物語は神宝の譲渡を通じて出雲の王あるいは首長が、ヤマトの支配に服従した証明となっている。『延喜式』を見ると、出雲の国主の即位ごとにヤマト朝廷と出雲との間で、ヤマト側が設定した形式で贈答が行われるようになっていたことがわかる。和田萃が指摘するように、『日本書紀』にみる出雲神宝の物語も、地域豪族首長が聖なる財物をヤマト王に献上して、それをまた下されることによって服従を誓うという、記紀に数回現れる場面の一つである〔和田、一九九五、七八頁〕。これらの場面の歴史的根拠はともかく、以前は複数の地域権力に保有されていた鏡などの聖なる物品に対してヤマト王が支配権を主張したプロセスを仄めかしている。

古墳時代後期から威信財経済に組み込まれた新しい要素を反映して、この出雲との贈答儀式には金と馬も贈与物に含まれていた。藤ノ木古墳および他の六世紀の古墳から出た副葬品を見ると、以後のヤマト政権の中心的地域では、金銀の製品や精巧に装飾された馬具が銅・鉄製品に加わったり、それらに取って代わったりしていたことがわかる。これらは大陸貿易で支配的立場を獲得していたヤマトが威信財システムで優位に立っていた象徴である。銅鏡は神聖な意義を保ち続けたが、古代史専門家のジョーン・ピゴット(Joan Piggott)が「人の目を愉しませる世俗の物品」と呼ぶ装飾豊かな貴金属類の分配を、ヤマトの王が一層独占するようになっていた。とは言え、これらの貴金属類は埋葬されたので、近代に発掘されるまでの約一五〇〇年間、人の目を愉しませることはなかった[Piggott, 1997, p. 70]。

七世紀以降になると、ヤマト王権は唐の法制に基づく新しい支配の道具によって自らの支配をその空間にあまねく及ぼすことが可能になり、多極的政治システムにおいて行われてきた同盟維持のための複雑な物品交換を自らの手元に集約できるようになった。こうして権威を統合すると、ヤマト王権は銅鏡その他の副葬品のポトラッチの抑制に動き出す。六四六年の大化改新の一政策として発令された「薄葬令」では、身分によって古墳の規模を統制し、全体として縮小を命じた。また金属類や珠玉など貴重品の埋蔵を禁止した。『日本書紀』には、大陸の例に学んだ天皇の考えとして次のように記されている。

〈孝徳天皇、大化二年三月二二日〉

甲申に詔して曰わく、「朕聞けらく、西土の君、其の民を戒めて曰えらく、「古の葬、高きに因りて墓とす。封《つちつ》かず樹《きう》えず。棺槨《かんかく》は以ちて骨を朽《くた》すに足り、衣衿《いきん》は以ちて宍《しし》を朽すに足るのみ。故、吾此の丘墟の、不食の地に営《つく》り、代を易《か》えむ後に、其の所を知らざらしめむことを欲《ほり》す。金・

銀・銅・鉄を蔵《おさ》むること無《なか》れ。一に瓦器を以ちて、古の塗車・蒭霊《すうれい》の義に合《かな》え。棺は際会を漆《うるしぬ》ること三過《みたび》。飯含するに珠玉を以ちてすること無れ。珠襦・玉柙施《お》くこと無れ。諸愚俗のする所なり」といえりと。又曰えらく、「夫《そ》れ、葬は蔵なり。人の見ること得ざらむことを欲す」といえりときけり。廼者《このころ》我が民の貧しく絶《とも》しきこと、専ら墓を営《つく》るに由れり。爰《ここ》に其の制を陳《の》べて。尊さ卑さ別あらしめむ。」

〔『日本書紀』巻二五、大化二年三月条。㊿〕

記紀の叙述は常に現状追認的な説明の可能性があるので、中国の先例を真似たこの奢侈の禁止が改革の直接の原因なのか、それともすでに起こりつつあった変化を管理する手段だったのか、いずれにしろ七世紀の古墳は事実、縮小傾向にあり、副葬品も減少していったのである〔古西、二〇一四、一四～一七頁〕。やがて、ヤマト氏族以外は巨大墳墓を全く建造しなくなる。

薄葬令に先立ち、前方後円の墳墓形式はすでに廃れていた。西本州と九州では六世紀末に建設が終わったが、一世代のうちに東国の豪族も新たな前方後円墳の建設を止めた。この画期的変化は、権力の新しい表現方法を提供した仏教と仏殿建設の普及と深く関連しており、また地域有力者の官吏化という国家形成過程も重要な要因とされている〔金井塚／原島、一九九〇〕。しかし、競争的贈与は依然として強力な社会的動機であり続けた。推古天皇が五九四年に仏教推進の三宝興隆の詔《みことのり》を出した時、朝臣たちは「各《おのもおのも》 君親《きみおや》の恩の為に、競《きお》いて仏舎を造る」と『日本書紀』は記している〔『日本書紀』巻二二、推古二年春二月。㊿〕。

一方、神々の「社」はこれまで恒常的な建築物を有していなかった〔吉村、二〇一〇、一七五頁〕。式年造替遷宮をもってヤマト王は贈与と破壊による富力の新表現を発見し、それによって、神を祀る恒久建築物を持たないという土着の伝統を存続させながら権力誇示の新しい機会を獲得したのである。

本来、専制国家は浪費を嫌う。だがそれは実際に浪費を抑制することではない。逆に、国家自体が最も過度な消費者になるのであり、必要なものを徴発し、任意に分配する唯一の権限を国家のみが保持するということである。他のあらゆる存在が財産処分によって権力を誇示することは、国家自身の権力を損なうものとして、抑制すべき浪費と見なされる。フランスの絶対王政時代では、王朝が最も豪奢な様式を展開していた時に奢侈禁止令が前例のない複雑な形をとるようになったし、徳川幕府の日本も同様であった。徳川幕府の奢侈禁止令は一般に平民の消費を抑えるものと思われがちだが、実は大名家の消費に対して最も事細かな規制がかけられていたのである。それと同時に、大名は幕府への奉仕に莫大な出費を要求されていた。私的な目的での物品の処分は今日でも専制的国家を苛立たせるようで、現在の中国政府が葬儀品(供物)の焼却という民衆の慣習を抑制するキャンペーンを行っているのもその一例である。

統一王権と威信財をめぐる新戦略

伊勢神宮の式年遷宮は天武天皇か持統天皇が開始し、一回目は六九〇年とされているが、七一二年に編纂された『古事記』、七二〇年の『日本書紀』のいずれにもその記述はない。『日本書紀』における伊勢神宮は皇女(のちに「斎王」と呼ばれる)を送り出す地として現れる。天武以前、最後に派遣の記述が出るのは用明天皇の代(五八七年頃)に送られた酢香《すか》手姫皇女《てひめのひめみこ》で、六二二年頃まで伊勢にいたとされる。この後、天武の時代まで約半世紀（五代）は伊勢に皇女が送られた記録はない。壬申の乱の後、天武天皇は六七三年に大伯皇女《おおくのひめみこ》を伊勢に送ったことから、天武・持統の代に伊勢での天照信仰が再興あるいは発明・創案されたと考えられ、式年遷宮の儀式も天武・持統の発想ではないかと推測することは妥当だろう。

にもかかわらず、記紀が天武・持統の代に編纂された事実と考えあわせると、式年遷宮について一言も言及がないのは不思議である。この時代に天皇が国家の重要行事として式年遷宮を開始したならば、その起源の説明を仄めかす何らかの物語があってもいいはずである。森田悌は、七四八年まで遷宮は暦上の儀礼的循環としての式年制度に則ってはおらず、修理の必要な時期だけ行われていたと主張している［森田、一九九七、二四〇〜二四三頁］。遷宮に関する記紀の沈黙は間接的にこの主張を裏付けているように見える。であれば、六九〇年開始の代わりに、天武による天照信仰の再開後数代をかけて、徐々に儀礼と造替の実践とが合体していくプロセスがあったと考えた方がいいかもしれない。二〇年ごとという基準は、儀礼が反復され、その内容が将来に向けて定型化されて初めて意義を持ち得たはずだ。

伊勢神宮の信仰に新たにエネルギーを注ぎ込むとともに、朝廷は過去数世紀の間にヤマトの王を含む地域権力者間の関係を支えていた威信財システムからさらに自身を遠ざける方針をとった。例えば、軍事的に重要な石上神宮《いそのかみ》は長年ヤマト王と同盟氏族の刀剣などの武器や宝物を保管する施設であった。これらの物品を校倉造《あぜくらづくり》の建物に収納したが、最も聖なるものは地中に埋めたようだ。天武は大伯皇女を斎王として伊勢に送った二年後の六七五年に、石上神宮収蔵のこれらを同盟国に返すことにしたと

『日本書紀』にある。

秋八月の戊寅の朔にして庚辰に、忍壁皇子《おさかべのみこ》を石上神宮に遣して、膏油を以ちて神宝を瑩《みが》かしむ。即日《そのひ》に、勅して曰わく、「元来《はじめより》諸家の、神府《ほくら》に貯《つ》める宝物、今し皆其の子孫に還せ」とのたまう。

〔『日本書紀』巻二九、天武三年八月条。㊿〕

ここではヤマト氏族の「神宝」と他の諸氏族に返す「宝物」が区別されている。以前の薄葬令と考えあわせると、天武の勅《みことのり》は、今後ヤマト朝廷はポトラッチに参加しないと公言するかのようである。列島中でそれぞれの神体と神宝を持つ神社は作り続けられるし、贈答の儀礼は様々な形で行われ続ける。しかし、ヤマトの王はもはや他の氏族間で循環する「宝物」には関心を持たない。大化改新以降、朝廷はもはや貴重な金属の宝物を他の氏族の墳墓で朽ち果てるためだけに下賜することはない。また天武のこの勅令を以て他家の宝物を保管するという関わり方もしなくなる。

持統即位の際、この時期から「天皇」と称されるようになった王は、神器を朝廷の祭祀を司る忌部《いんべ》氏のみから受けることになる。これ以前はヤマト直属のすべての氏族より神宝が渡されたが、もはや「天皇」はこうした贈与行為から離れた立場に立っていた[Piggott, 1997, p. 142]。ヤマトの王（天皇）が認める威信財循環は、都における物品下賜や神宮の幣帛《へいはく》（班幣《はんぺい》）のように自身の富の誇示に限られた。

一人の王の朝廷を中心に回るようになっても、これは物品の膨大な流れであった。『延喜式』に基づいて西宮秀紀は幣帛を、布類、武器、鹿角、鍬、酒、魚、海藻、塩、酒坩《さかつぼ》、葉薦《はごも》という一〇の分類に分けている〔西宮、二〇〇四、一八〜一九頁表〕。これらの物は年貢、あるいは「調」という税の形で取り立てられ、在地の神社から都に上がった祝部《はふりべ》に下賜された。祝部や朝廷の官人が拝領するために、調は大蔵省の庭に積み上げられた〔桜井、二〇一一、一九〜二〇頁〕。それから祝部は在地に持ち帰り、各国の神社で豊作や自然災害からの防除を祈って奉納した。全体として見れば、この大きな資材の循環は、天皇、その祭礼を担う神祇官、諸国の祝部とその神社の神々をつなぎ、朝廷の富と権力の源として、西宮が言うように、「在地の再生産の円滑化の保証」になった〔西宮、前掲書、二二頁〕。なかでも盛大であった祈年祭には三一三二座の神への幣帛が用意され、数百口の「刀形」(刀を象った木製のもの)と一万尺以上の繊維品も分配された。この祭礼も天武の時代に導入され、列島中の在地の伝統を汲みつつ、儀礼的かつ政治的に律令制度の下へと統括するイデオロギー操作の一環であった〔同上、一八〜二一、二五頁〕。

祝部に分配されたこの物品の中に鏡が含まれていないことは注目すべきであろう。墳墓と副葬品の競争が終焉を迎えるのに伴い、鏡は循環する威信財から独自に分類される聖なる財物へと移行したことを示唆している。そして、ヤマトの王が超越した位置に立つようになったのと同様に、伊勢神宮は国家の聖地として他と峻別され、その建築と神宝は造替を繰り返す、固有の完結した永久運動を持つようになる。

伊勢と天皇の神秘化

地域豪族の「同輩国家」連盟から脱出して超越した地位を目指したヤマト王権は複層の神秘で自身

を包もうとした。伊勢神宮はこの神秘化に要の役割を果たした。制度的には、薄葬令などでヤマト王権以外の地域勢力を抑制するだけではなく、ヤマト王権の聖地に比肩しうる聖地が育たないようにする効果も狙っていた。天武の時代以降、日の神を祀る一地方神社だった伊勢神宮を皇祖神崇拝の国家的信仰の拠点に変貌させたのと同時に、朝廷は伊勢信仰を抽象化し、その神秘性を向上させた。

都から遠い伊勢という場所の選定そのものも、この抽象化戦略を反映している。榎村寛之が指摘するように、これによって「律令祭祀の頂点は京ではなく伊勢」になり、「京には宗廟がない」という異例の状況が起こった〔榎村、二〇〇八、五六頁〕。これは国家の神霊地で祀られている皇祖神と他の勢力が守るそれぞれの地域の神々との区別を明確にするとともに、都の近くに住む多くの臣民から物理的にも心理的にも離れた存在にした。その結果、中世まで実際に伊勢参りをした人は少なかった。伊勢で天皇の代理を務めるために卜定《ぼくじょう》で選ばれた斎王の存在は神聖と世俗の権力の間にもう一つの隔たりを加え、伊勢信仰をさらに抽象化させ、超越させた。天武天皇以前にも伊勢に送られた皇女は記紀に現れるが、斎宮は制度としてまだ流動的であったので、八世紀の律令国家の一環とみなすべきであろう〔西宮、二〇一九、五三頁〕。斎王の存在も儀礼をより複雑にする傾向に拍車をかけ、のちにはその神秘的奉職を支えるために五〇〇人以上の官吏と「男女雑色《ぞうしき》」が常時勤務する斎宮寮を伊勢の近くに建設するに至る。

制度的変化と並んで、物質面での神秘化も進んだ。その手段には現在よく知られている伊勢神宮の特徴的なものも入るが、律令国家成立当初の時期からの朝廷戦略の中で考慮すべき重要な要素であった。まず聖なる物品の被覆、包装と隠蔽がある。一世紀ほど後の記録まで詳細はわからないが、長期的に儀礼が複雑化していくのと同様、神鏡と神宝を可視世界から遠ざけるための包みと箱と殿内の設《しつらえ》などを蓄積していったようだ。正殿を囲む「四面重々御垣」は天武時代に作り替えられたと九世紀末の『太神宮諸雑事記《だいじんぐうしょぞうじき》』にあるが、これによって、聖なる物品が不可知であったように境内も空間的に不可侵になった[西宮、前掲書、五〇〜五一頁]。

皇大神宮《こうたいじんぐう》(内宮)の神秘性と超越性を創出する装置のなかで、鏡を移動させる「遷御」の秘密性、儀礼の異常な複雑さ、そしてその定期性自体において、式年遷宮こそ最も有力なものであった。儀式と殿舎の配置の点で遷宮と大嘗祭の類似は多くの研究者が指摘しているとおりであるが、しかし同時に、その性質上の相違点も重要である。つまり、大嘗祭は天皇即位の儀礼として代替わりにつながっているのに対し、遷宮は式年制になったことで、個々の天皇の生死と無縁に自己永続的に進むようになった。文化人類学者スタンレー・タンバイアによると、「宇宙論的国家」はその神聖性を証明するために絶えず生まれ変わらなければならない[Piggott. 1997. p. 164]。伊勢神宮では、工自身の身体からもその都からも遠く離れた場所でこの再生は遂行され、都で異変があっても現世を超えた権力が確保された。

神秘性創出の副次的な結果として、本書で「オーラ」と呼ぶ現象を生じさせた。古代ギリシャ語でオーラ(*aura*)はそよ風を指し、いわば姿を見せずに動くものである。崇拝対象と信者の間に働く吸引力のように、信者には対象が放つと感じられながら、第三者から見れば、信者の欲望から発生しているものである。神秘に包まれた聖地に信者を惹きつけるのもオーラだし、その聖地にまつわる物にもオーラが付着する。それはポトラッチの原動力になる社会的に価値づけられた威信財への欲望と違って、交換と入手が不可能に近いものへの欲望から生まれる。そして、細かく演出されている天皇と皇祖神の神秘性とは違って、放射していく神宮のオーラの影響力は朝廷の統制が及ばない領域で動いていた。伊勢の神を仏と同一視した一四世紀の両部《りょうぶ》神道では神宮の儀礼や神秘的な「十種神宝」の原形とされた正殿の飾りについて密教の解釈が加えられ、「秘伝」と「聖教」として流布するようになった[Teeuwen / Breen, 2017, pp. 91-97]。こうして、伊勢の「モノ」と伊勢の「秘密」はますます中央権力から独立して作用するようになっていった。

流入する物資と遷宮史の開始

式年遷宮の内容に関して現存する最古の記録は、八〇四(延暦二三)年編纂とされる『皇太神宮儀式帳』[㉜]である。この時期までに遷宮は数回行われ、朝廷の後援を受けた他の神社数社も定期的に造替する慣例になっていた。しかし伊勢神宮の式年遷宮は頻繁で豪奢である点だけでなく、遷宮記録の量そのものでも他を凌駕する。

この時期までに、「御神体」の八咫鏡の「遷御」とともに新調された神宝装束を神宮正殿と宝殿に納めることが儀礼の中心だったことが、『皇太神宮儀式帳』からわかる。記録が残る場合には、神宮境内に何があり、どう扱われたかが、儀礼のみならず物の面でも詳細に知ることができる。一九年から二〇年ごとに二一種の約二五〇〇品が内宮の鏡の周囲に納められ、のちに外宮も類似の神宝奉納を開始する。

銅鏡と他の宝物を循環させ最後に埋蔵する従来の伝統と比較すると、遷宮の実践ではポトラッチの構造は逆向きになっていた。すなわち地中に埋められる運命の多数の鏡が広範囲に循環するのではなく、永久に一つの鏡が地上に据えられ、ブラックホールのように他の物資を絶え間なく自分の方へと引き込むのである。あらゆるものがこの中心へ、そして消滅へと動きながら、唯一この鏡だけは境内の高床倉庫で保管され、姿形をそのままに保つのである。

鏡を土中に埋葬する慣習から茅葺木造建築の中に祀る慣習へという変更は大胆な決断だった。これらの高床倉庫が気候や災害に対していかに脆弱だったか、否、遷宮から次の遷宮までの短期間でさえ神宝の完全な保存にはいかに不十分かは、のちの遷宮記を見れば明らかである。何度となく雨漏り、鼠害、火災、盗難、そして戦争の被害を蒙ることになるのだが、しかし遷宮の実践はなんとか継続され、また八咫鏡(ずっと同一の鏡かどうかも確定できない)も何世紀にもわたりどうにか存続していくことになる。

第二章　神宝の行方

奉納品の明細を記録する

神職の見守るなか、神宝は検査され、記録され、収納された。新しい殿舎の前で目録が照合されて一連の遷宮儀礼は終了する。この点でもクワキウトルのポトラッチと類似して、詳細な記録行為と過剰な奉納が儀式の中心であった。儀礼執行の緩みを矯正する目的で一〇世紀に纏められた『延喜式』を見ると、遷宮に関わる大部分が商品台帳さながらの体裁で記されている〔31〕。

『延喜式』第四巻　神寶廿一種

> 金銅多多利二基。〔高各一尺一寸六分。土居徑三寸六分。〕金銅麻笥二合。〔口徑各三寸六分。尻徑二寸八分。深二寸二分。〕金銅賀世比二枚。〔長各九寸六分。手長五寸八分。〕金銅鑄二枚。〔莖長各九寸三分。輪徑一寸一分。〕銀銅多多利一基。〔高一尺一寸六分。土居徑三寸五分。〕銀銅麻笥一合。〔口徑三寸六分。尻徑二寸八分。深二寸二分。〕銀銅賀世比一枚。〔長九寸六分。手長五

寸八分。〕銀銅鏄一枚。〔莖長九寸三分。輪徑一寸一分。〕梓弓廿四枝。〔長各七尺以上八尺以下。塗赤漆。弭纒縹組。〕**征箭一千四百九十隻**。〔長各二尺三寸。鏃長二寸五分。以烏羽作之。鏃塗金漆。筈塗朱沙。〕又**箭七百六十八隻**。〔長二尺四寸。鏃。鋒。箭以鷲羽作之。以雜丹漆畫之。〕玉纒横刀一柄。〔柄長七寸。鞘長三尺六寸。〕柄頭横着銅塗金。長三寸八分。〔片端廣一寸五分。片端廣一寸。〕頭頂著仆鐶一勾。〔徑一寸五分。玉纒十三町。四面有五色玉。〕著五色組長一丈。阿志須惠組四尺。柄著勾金長二尺。〔著鈴八口。琥碧玉二枚。〕金鮒形一隻。〔長各六寸。廣二寸五分。〕著緒紫組長六尺。袋一口。〔表大暈繝錦。裏緋綾帛。各長七尺。〕須我流横刀一柄。〔柄長六寸。鞘長三尺。其鞘以金銀泥畫之。柄以鴾羽纒之。〕柄勾皮長一尺四寸。裏小暈繝錦。〔廣一寸。〕押鏡形金六枚。柄枚押小暈繝錦。〔長三寸一分。廣一寸五分。〕四角立乳形著五色組。長一丈。阿志須惠組四尺。金鮒形一隻。〔長六寸。廣二寸五分。〕著紫組。長六尺。袋一口。〔表大暈繝錦。裏緋綾帛。各長七尺。〕須我流横刀一柄〔柄長六寸鞘長三尺其鞘以金銀泥畫之柄以鴾羽纒之〕柄勾皮長一尺四寸裏小暈繝錦〔廣一寸〕押鏡形金六枚柄枚押小暈繝錦〔長三寸一分廣一寸五分〕四角立乳形著五色組長一丈阿志須惠組四尺金鮒形一隻〔長六寸廣二寸五分〕著紫組長六尺袋一口〔表大暈繝錦裏緋綾帛各長七尺〕雜作横刀廿柄。〔櫻柄長六寸五分。鞘長二尺七寸。漆塗即裹緋帛幷倭文。柄以烏羽纒之。〕餝別纒小暈繝錦。阿志須惠。〔長各三尺三寸。廣各一寸二分。〕著緋紺帛緒。長九尺。〔廣二寸五分。〕姫靫廿四枚。〔長各二尺四寸。上廣六寸。下廣四寸五分。矢刻口方二寸九分。以檜作之。以錦黏表。以緋帛著裏。〕著緒四處。並用紫革。〔長各二尺。廣一寸三分。〕**箭四百八十隻**。〔以烏羽作之。〕蒲靫廿枚。〔長各二尺。上廣四寸五分。下廣四寸。以檜作之。

編蒲著表。以鹿皮著頂。以丹畫裏。著緒四處。〕並用紫革。〔長各二尺。廣一寸。〕**箭一千隻**。〔以烏羽作之。〕革靫廿四枚。〔長各一尺八寸。上廣四寸五分。下廣三寸八分。以調布黏之。塗黒漆著緒四處。〕並用紫革。〔長各二尺。廣一寸。〕**箭七百六十八隻**。〔以鷲羽作之。〕靹廿四枚。〔以鹿皮縫之。胡粉塗以墨畫之。納持麻笥二合。徑一尺六寸五分。深一尺四寸五分。〕著緒一處。用紫革。〔長各一尺七寸。廣二分。〕楯廿四枚。〔長各四尺四寸五分。上廣一尺三寸五分。下廣一尺四寸。厚一寸。〕桙廿四竿。〔長各一丈二寸。鋒金八寸五分。廣一寸五分。徑一寸四分。本金長二寸八分。徑一寸四分。本末塗金漆。〕鵄尾琴一面。〔長八尺八寸。頭廣一尺。末廣一尺七寸。頭鵄尾廣一尺八寸。〕

太字は繰り返し現れる箭の数を示す。〔 〕内は割注（以下、同）。

これに続く明細には、貴金属類をはじめとする諸材料のリストが登場する。いったい、誰が、いつ、何を根拠に、征箭《そや》（弓の矢）一四九〇隻《せき》、箭《や》七六八隻、烏羽の箭四八〇隻、烏羽の箭また一〇〇〇隻、そして鷲羽箭七六八隻を、神が求めていると決めたのだろうか。『延喜式』編者がどうやってこれらの数を割り出したかはわかりようがないだろうが、この数の多さと反復自体には意味がありそうだ。これは過剰の証であるが、その一方で、無作為かつ無造作な過剰ではないことを表現してもいる。

同じような過剰と重複はクワキウトルのポトラッチにも見える。例えば、ボアズの報告書に基づきコデールが整理したところ、一八九四〜九五年の五つのポトラッチで分配された物品リストは以下の通りである。毛布三四〇〇枚、カヌー六艘、毛布一〇六枚、銀の腕輪二〇〇〇個、毛布五〇〇枚、毛布四六枚、銀の腕輪二〇〇個、毛布一万三四五〇枚、真鍮の腕輪七〇〇〇個、洗い桶二四〇個、スプーン複数、アワビの貝殻複数、鍋複数。[Codere, 1950, p. 91 table]。このリストを見ると、毛布など舶来品の重要性が認められる。『延喜式』に記録されている神宝も元は舶来品だった物が多い。

大陸文化の影響

古代日本列島の武力と祭祀の力によって神宮に集積・収納される品々の一覧は、長年に及ぶ大陸との交流とモノの輸入を物語っている。『皇太神宮儀式帳』(八〇四年)に記されている神宝装束は後期古墳の埋葬品と同類のものが多く、武具が主流で、次いで馬具や鏡、そして布製品である[笹生、二〇一三、一〇七頁表]。

鉄の武器と銅鏡は元来大陸由来のものであったが、伊勢神宮創立時代にはすでに数世紀にわたり列島の物質文化の一部として定着していた。馬は古墳時代後期に輸入された。紡績具を模した品や琴なども神宝に含まれている。玄界灘に浮かぶ沖ノ島の遺跡からも同種のものが出土している。ここは大陸との交易の要に位置し、遺跡は大陸交易がもたらしたものの宝庫でもある。民俗学者の新谷尚紀によると、七世紀頃の沖ノ島で伊勢神宝に類似する一連の遺物群が見られることから、神宮信仰もこの時代に成立した可能性が示唆されている[新谷、二〇一三、一九四頁]。

舶来品は神宝に加えられ続けていく。例えば、『延喜式』に装束として綴られているなかに、蚊帳などの日用品とともに靴や靴下も入っている(「錦履二兩。長九寸五分。錦襪八兩。長九寸五分。高七寸五分。」『延喜式』第四巻)。これらは現在でも宮司の履物に通じる装束であることがわかるが、古代日本列島では新奇なものだったのは間違いない。七世紀初頭の『隋書倭国伝』には、倭人は履物も被り物も身に着けない野蛮人として描かれている。新谷が指摘するように、唐との外交は服装革命をもたらした。文明開化期に丁髷《ちょんまげ》を切り、蝙蝠傘を携えるようになったように、唐の眼差しを意識して、倭人は習慣を改めたのである。伊勢神宮には茅葺掘立柱の高床建築のように、純粋に土着の表現に見える要素もあるにもかかわらず、神宮信仰が成立した時代は大陸文化の影響が絶頂にあったことを神宮の神宝装束は物語っている。しかも、神宮の建築にも大陸の影響が見られる。榎村寛之が指摘するように、建物の配置は中国の都宮構成に基づいている〔榎村、二〇〇八、五七頁〕。また、素木《しらき》と茅葺という素朴な殿堂形式でさえ後漢に編纂された『淮南子』に描かれる中国の道教儀式建築「明堂《めいどう》」に通じるのではないかと古代史家ヘルマン・オームス(Herman Ooms)は提起している[Ooms, 2009, p. 190]。

調達と分配

正殿に奉納されてから二〇年後に神宝装束は複製され、一部は宝殿に納められるので、建物とは異なり、神宝の一部は四〇年の寿命がある。その後に神宝装束は処分され、正殿も宝殿も壊される。現在は遷宮といえば、材木の伐り出しと運搬、何千人も参加する「お白石持《しらいし》ち」(正殿周りに石を敷く儀礼)、建物と建築金物や美麗な神宝装束制作に携わる職人の技術、そして鏡の「遷御」をクライマックスとする、厳かで神秘的な諸儀式に関心が集中する。これは当然ではあるが、遷宮には、新しい殿舎と神宝を造ることだけでなく、古い方の処分も含まれている点を見逃してはいけない。ポトラッチを主宰する首長は物資を調達し配分する力を誇示する。現在の神宮関係書籍やメディアのように、調達の面にのみ注目すると、神宮を支える国民的努力が遷宮の核心であるかのように見えるし、信徒にとってはこの点こそまさに遷宮の意味である。しかしながら、物質面で考えたら、歴史的にはこれは遷宮の全貌の半分であり、造替遷宮完了後には調達された全ての資材は神宮の裁量で行方と処分が決まる。二〇年ごとに、この資材の分配・処分を完遂し、調達を再開することこそが、神宮の力の本源なのである。

遷宮での新旧入れ替えを経て、それら資材は儀礼的役割こそ終了したとしても、モノとしての生涯を終えた訳ではない。ポトラッチは性質上、過剰な物資を生み出した分、他所に流出せざるをえない。つまり蒐集の後に配分が続くのである。この意味で遷宮は、律令国家が諸国から税(供物)を徴収し、朝廷において官位に従い分配するという過程の投影でもあった〔桜井、二〇一一、一一九〜一二〇頁〕。

朝廷においてこのシステムが崩れ始めたのは早かったが、アメリカ大陸太平洋岸北西部地域におけるハドソン・ベイ社の毛布と同じように、錦などの布帛類の分配は、平安京での贈与経済でほとんど通貨ほどの中心的な機能を果たし続けた。例えば、無名の公卿が書いた『不知記《ふちき》』に、寛弘五(一〇〇八)年の皇子誕生に関連する行事を記録した次のような分配が記されている。

七夜也、大内より御産養の事有り、……大掛《おおうちき》廿五領、絹百廿疋、綿三百屯、信濃布五百端〔辛櫃十合に之を納む〕……〔内膳供え了りて、官人等疋絹を給う〕……〔大臣は大掛、本宮は相加女装束幷びに児御服を相加え、大納言以下宰相以上は大掛、綾掛一重・児御服等を相加え、侍臣・諸大夫は疋絹、但し侍臣・上藹両三人本宮は禄幷びに児御襁褓《おしめ》、相加え之を給う〕。〔(51)五三頁〕

この廷臣がなぜ他の廷臣に分配された女性用と子供用の装束の内容をこれほど厳密に日記に書き留めたのかと言えば、この贈与の中身が受ける側のステータスを正確に示すからである。

都でも伊勢でも、こうした物資往来を朝廷のみが司ることは天皇の支配には肝要なことである。『皇太神宮儀式帳』に最初に現れる神宮私幣の禁止もこれと関係していた［西垣、一九八三、三三頁・榎村、二〇〇八、五八頁］。この制度は、かつて複数の王の間で行われていた多極的な威信財競争から天皇は身を引く最終的意思表示として理解できる。つまり朝廷に帰服した権力者たちは気前良い君主から一方的に贈与を受けるが、天皇一族が支配する国家の神宮において、彼らが贈与の力を発揮することは許されなくなったということである。こうして無制限の威信財競争に代わり、閉鎖したシステムが立ち上がることになる。すなわち神宮は二〇年ごとの造替遷宮と朝廷より奉幣の使が出される行事の折に天皇から献上される奉納品のみで維持されるという原理であった。

しかし、結局この私幣の禁止は実行不可能であった。ジョルジュ・バタイユが指摘するように、ポトラッチの贈与は自己肥大を目的としており、抑制不能な内的エネルギーを持つのである［バタイユ、二〇一八］。禁止令にもかかわらず、過剰な寄進で自己の権力を誇示し、ご利益を得たいという富力や武力を持つ者はどの時代にも止めどなく台頭する。そして、寄進された品物に交換価値が残る限り、供物としての役割を果たした後には、それによる利を得る動機も存在する。そうして物資は神宮へ流れ込み続け、機会があれば土に還す道ではなく神宮の外へと流通する道を辿ったのである。

朝廷支配が衰弱するに従い、神宮への貴重な物資の求心的運動が一層顕著になった。藤原頼長は一一一四八(久安四)年、伊勢に密かに奉納をした、と自身の日記に書き残している。「今日、献宝物於伊勢諸社、是密々事也、今日使着太神宮」[㊶・木村、一九二五]。また、平家は金の鎧を奉納しようとしたが、不吉な事件が立て続けに起き奉納できなかった、と『吾妻鏡』にある。その後、砂金や馬などを奉納した源頼朝は、自分こそ神宮の新しい保護者であると主張する書簡を残し、後年には金の太刀も奉納した[⑬『吾妻鏡』養和元年一〇月二〇日、養和二年正月二八日・Teeuwen / Breen, 2017, p. 64]。

この傾向は物資の蓄積に拍車をかけた。江戸時代の遷宮には朝廷の幣帛に当たる「御神宝」奉納に続き、将軍献上の太刀の奉納も恒例として行われるようになった[吉川、二〇一二、四〇頁]。私的に献上されるこうした過剰分を吸収して、特に外宮は宝物の種類を増やしていく。外宮に神宝が奉納された古代の記録はないが、中世を通じて追加され、さらに遷宮再開の桃山時代には一段と数を増やしていく。一六六九(寛文九)年、徳川幕府は神宮に対し過去の記録通りにするよう命じ、奉納品の数を現在の三〇種に減らした[中西、一九九五、五〇~五六頁]。直接の寄贈は私幣として禁止されていたので、民間の寄贈は御師《おんし》という神職を経ることになり、結果として御師は参拝者を独占的に受け入れるようになった[西垣、一九八三、六五~六八、一一三~一一四頁]。

神宮の盛衰と分配の問題

この貴重な物資はその後どうなったのか。遷宮のたびに大量の神宝を処分しなければならない。明治時代までは、一部は古代の王の宝物と同様埋蔵されたが、埋納の記録は僅かしかない。数少ないその一例は下記のように「元禄二年外宮遷宮記」に記されている。

正座・相殿之御装束を撤し、次に天井・壁代・玉奈井の帳・御牀の覆布等を撤して、以て之を韓《から》櫃《びつ》二合に納め、且つ又金物・神財之虧損《きそん》を拾い集め、御牀、壁間の塵坋を払い退けて、政所・家司等をして之を宮山の浄地に蔵さ俾《し》む。其の天井・玉奈井・御牀・御船代・御樋代の如きは、猶元のごとくして、以て退出し御戸を闔《と》じ降階す、韓櫃等、下部をして之を舁《かつ》がしめ、以て一の禰宜の斎館《さいかん》に送る。　［㉙七八四頁］

これは「大殿祓《おおどのばらい》」という儀式の一部で、破損のあったものを葬り、残りを禰宜たちの住む斎館に送ったことがわかる。これには本来、旧正殿の取り壊しも含まれているはずだったが、江戸時代は遷宮後も旧正殿がそのまま残されたので、収納品の処分のみが対象となった。

こうした希な埋蔵記録に比して、埋められなかった神宝装束については詳細な記録が取られた。個別の遷宮を記述した遷宮記として現存する最古のものは一一九〇（建久元）年遷宮の記録である［多田、二〇一二、一〇九頁］。この時期以降、遷宮ごとにまとめられていく遷宮記の多くはその末尾に神宝装束の分配を書き留めている。参加した禰宜の名前も明記されることが多く、遷宮儀礼の中で誰がどの役を担い、報酬として何を賜ったか、という点に意味があったとわかる。官位順に受領者と受取分配内容がリストアップされた。

中世では禰宜への分配は装飾刀や建物の部材も含み、資材の全範囲に及ぶこともあった（中世以来神宮の神職は両宮各一〇人を定員とし、補任された順に一禰宜〜十禰宜と称し、一禰宜は長官とも称された）。例えば一三二三(元亨三)年の神宝分配では、一禰宜は須賀利御太刀《すがりのおんたち》一腰、彫馬《えりうま》二疋、鞍一つ、靫《うつぼ》一腰、金銅作太刀一腰、鉾比礼《ほこひれ》一つを受け、二より五禰宜は鞍、靫、金銅作太刀、鉾比礼を、六から十禰宜になると、鞍、靫、金銅作太刀だけで鉾比礼はなかった、という具合であった(中西、一九九五、一八六頁)。これ以外に装束と建物の部材も分配されたが、禰宜の俸禄は少なかったのでこれらは大事な賞与だったに違いない。下って明治維新の時点の記録だが、一から九禰宜は年二〇石、その下の権禰宜は六~八石だった[宇治山田市編、一九二九、上巻、三九七頁]。分配に金製品も含まれれば特に意味が大きかっただろう。

先例に倣って禰宜が期待していたような分配に与らなかった場合、論議が生じることもあった。中世に神宮への支援が衰微して殿舎と神宝装束が荒れると分配可能な品も減る。粗末な造りのため頻繁に仮殿遷宮を行わざるをえなくなり、装束の布も本来と異なる用途に再利用する羽目になった。一五世紀に両宮の正遷宮が中断されるまで、内宮で四四回、外宮で五〇回、すなわち正遷宮の二、三倍ほどの頻度で仮殿遷宮があったという[多田、前掲書、一三四頁]。

一二六六(文永三)年の内宮遷宮記は、正殿と宝殿に奉納されていた装束の分配に関して京都から天皇の代表として派遣された祭主と神宮禰宜の係争を綴っている。それは分配の未執行についての一禰宜の以下の疑問で始まる。「分配の事、例に任せ先ず古宮正殿を開き、奉納錦綾を取り出し、其沙汰有るべき之処、今度其儀無く、如何様に為すべき哉」と問い質す。これに対して「正殿錦綾に至るは、度々御仮殿御座、肩宛に用途之間、残る所狭少也、禰宜之得分と為すべき歟、然らば東宝殿を開き、分配有るべし云々」と祭主は口籠っている感がある。これに納得できなかった禰宜たちは「問答往反、晩陰に覃《およ》ぶ」ことになり、翌日まで持ち越された。それでも同じ遷宮記の末尾には、塗り物、鞍、建築材（金物なし）、そして柵の木材を含む相当な分配が記録されている［52］。

戦国時代になると状況はさらに悪化し、一四六二（寛正三）年以降はついに両宮の式年遷宮は完全に途絶えてしまう。一五世紀には仮殿遷宮はそれぞれ三回も行われたが、それでも継続されたことは細々とではあっても形式は維持しようとする禰宜の努力を物語っている。神宝の一部は現物の代わりに画になることもあった［中西、一九九五、一七八頁］。この時代の状況を活写する内宮禰宜荒木田氏経（一四〇二～一四八七年）による『氏経卿神事記』［⑰］は、錠のない宝殿、朽ち落ちそうな扉、たるむ板壁、雨漏りする屋根などを綴っている。

氏経は荒廃する神宮で、境内に残る何かめぼしいものを取ろうとする様々な事件を描いている。盗難のケースは以下で論じるが、神職自身が朽ち果てた殿舎からその残骸の一部でも手に入れようとする場面もある。一四四八（文安五）年五月一七日、氏経は鰹木《かつおぎ》の奪い合いを記している。「十七日、夜亥剋斗に正殿覆板鰹木悉く落ち、御階高欄等打摧《くだ》かれおわんぬ、千木は折れ乍ら落ちず、雑人乱入御金物等放ち取る之間、残る所の鰹木金物以上六長官に取られおわんぬ」と氏経は状況を描く。祭主の代官である道後政所《どうごまんどころ》役人は六長官に、この金物材木は誰の取り分になるかと聞く。長官は「神宮に之を取る先規也」と答え、応永年間の仮殿遷宮で宮司たちが古材を取った、という。しかし、代官はこれに完全に納得せず、仮殿遷宮の時に祭主を代表して取ったかどうか、不審に思われなかったかと聞く。そこで、長官は別の論理でこの問いをかわし、顚倒木の事例を引き合いにしつつ、今回落ちた金物材木の所有も「勿論」祭主にあるのではなく、「只神宮斗也」と強調した［⑰一四三頁］。大半の金物はこれ以前に侵入した「雑人」にすでに盗まれていた。しかし、これほど極端な状況になっても、遷宮は途絶える前にもう一回行われることになる。

寛正の遷宮の時点で三一年が経過しており、殿舎の荒廃は深刻であった。一四六二（寛正三）年九月一七日、氏経は「清浄衣装 襪《しとうず》」を身に着け正殿に登り扉を開けると、屋根は雨漏りして殿内に掛かっているはずの「御幌」も床に落ち、「草木生い茂る事只野山の如く也」と落胆を隠しもせず日記に書いている［⑰二四八頁］。遷宮はこの年の一二月に執行された。そして、このような悲惨な状況の中でさえ、遷宮が済むと禰宜の間で分配が行われた。遷宮記に、「御装束は悉く朽損せしめおわします。御神宝の朽失、金具の相残るを分配す」と記している［㉖一〇五頁］。分配される資材がどれほど傷んでいても、禰宜たちはこの分配を期待し、ある程度頼ってもいただろう。ところが、この遷宮は彼らの人生で最後となった。

この後、一世紀以上の中断を経て、信長・秀吉の下で遷宮が復活したが、分配は絹も貴金属も含みながらやや略式で行われたようである。一五八五（天正一三）年一〇月の内宮正遷宮記録に、「十五日絹の余所配当御神宝幷御金物入たる唐櫃禰宜衆へ配当也。上首次第好を被取也。〔カラヒツ一ツ宛也〕」［㊻五六九頁］。この時点で何が残っていたかは不明だが、一禰宜から順に好きなものを取らせるという無造作かつ寛大な分配には説明が必要と思ったのか、明治時代に収載編集された『大神宮故事類纂』の編者は「按ずるに、天正遷宮は皇内《ママ》神宮正遷宮再興の時なり、此時寛正の正遷宮より百二十余年を経種々の旧儀は多く不分明」と説明している［㊸］。

一七世紀初頭には徳川幕府は遷宮のために予算三万石を提供して安定を図ることにした。この後、神宝の分配は次第に縮小かつ定型化していく。一七世紀後半以降、分配の内容は遷宮ごとに概ね似たものになり、装束以外は従来のような高価値の物品も少なくなり、貴金属もなくなる。官位に応じて、小刀、鉄槌、鉇《かんな》、錐などの工具、燭台、鞍掛など神宝装束の周辺的な道具類が渡された。

一方、一六六九（寛文九）年遷宮の後、神宝の質の低下に関して幕府は神宮に対し改善を命じた。要は分配を制御しつつも、神宝の製造と奉納の面では幕府はポトラッチを縮小させるどころか、むしろ盛大に継続されるよう促したのだ。関係職人に証文を書かせ、神宝の写しを京都の行事官に承認させて、装束神宝金物とも最上の材料と制作を維持するよう命じている［上野、二〇一二、一七八～一七九頁］。また、京都から届いた神宝が遷宮前に一日だけ出陳されて、参宮した一般民衆がその豪華さを知る機会となった。『伊勢参宮名所図会』（寛政九、一七九七年、**図2-1**）には神宝の図版と『延喜式』の記述に基づいたと思われる詳細な説明文も加えられている［吉川、二〇一二、一一、一二三～一二四頁］。つまり江戸時代にはより多くの、より上等な品々が奉納され、遷宮後は公式にはそれらが分配の対象外だったとすれば、遷宮のたびにそれだけ多くの貴重な

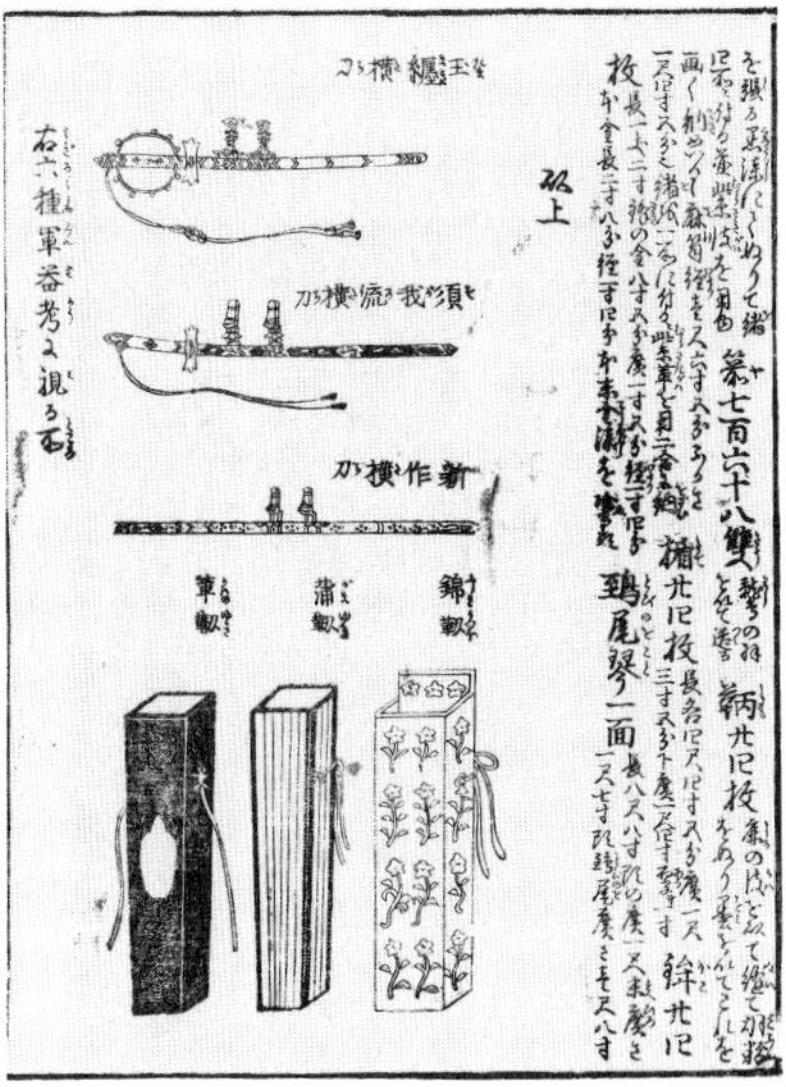

図2-1　『伊勢参宮名所図会』（1797年）に見る神宮神宝の記述と図版．神宝を直接拝観できるのは近世遷宮の魅力の一つであった．

物資が埋蔵されたか、別の道を辿って境外に流出したことになる。

神宮から脱出する

現在「古神宝」は博物館の特別展などで見られる美術品の範疇とされているが、実は「古神宝」という言葉は矛盾を孕んでいる。『古神宝　日本の美術511』の著者関根俊一が書くように、古神宝は偶然に残っているのであって、本来現存しているべきではないという逆説的なものだ〔関根、二〇〇八、二〇頁〕。特に伊勢神宮では遷宮ごとに神は新しい神宝を受納するので、その意味では旧い神宝装束はいわば「死物」のはずである。博物館以前の時代では、伊勢の古神宝を神宮あるいは国家の「文化財」とはだれも考えなかった。一方で、市場価値はありながら、絹、貴金属、漆器などの品々をそのまま単に売りさばくこともできなかった。売買行為によって神聖性が汚され、間接的に神宮そのもののオーラも減じてしまうからである。だからこそ神宝の破壊が実施されたのだが、同時に、どうにかして商品化が可能になるよう、別のものに加工しようとする動機も潜在していた。

朝廷も長らく類似の問題を抱えてきた。天皇の仁政の徴しとして贈られた各社への幣帛を神職たちが勝手に売却するなどして、この贈与の威厳を台無しにしていたからである。『延喜式』の編集に関わった三善清行の「意見十二箇条」はこの問題をこう糾弾した。

皆上卿の前において、即ち幣絹ヲ以て懐中に挿著《はさ》みて、鉾の柄を抜き棄て、唯だ其鋒を取り、其盃酒ヲ傾け一挙に飲み尽くす。曽つて一人も全く神祇官之門より持出す者無し。況んや其神馬は

則ち市人郁芳門の外において、皆買取りて去る。〔『群書類従』一一四四、雑部、巻四七四。⑭〕

天皇より下賜されたばかりの幣絹を宮司が堂々とこのように扱っていたなら、「お古」になった伊勢の神宝装束の行方も気になる。私立美術館の図録などに伊勢神宝が見られないことから、神宮外では流通しなかったと想像しがちだが、しかし埋蔵されなかった品は、密かに流通したか、あるいは解体や融解、断裁など姿形を変えて材料として利用されたはずである。そうでもしなければ、金や宝石の装飾を施された儀礼用の武具や馬具などを与えられた神官は、それらをどうすればよかっただろうか。

これらの資材として変質する過程が比較的明瞭に記録に残る唯一の事例は「御神体」の鏡を納める「御樋代《みひしろ》」という金でできた桶である。近世の遷宮記は次の一七四九（寛延二）年の事例のように、禰宜間での分配を記述している。

古御樋代を摧《くだ》き破り、其形象をして見えざらしめ〔鋏子を以て寸裁すべし〕、各〔禰宜〕之を分け頒つ。〔㉔三九六頁〕

御樋代の金を鋏《やっとこ》を用いて小さく破砕することで由来を隠し、護符としての効力を減じさせ、金を交換可能な商品に戻した様子が窺える（御樋代については第四章で取り上げる）。

窃盗、そして飛神明

廃墟同然の状態に陥っていた戦国の内宮境内で価値あるものを採取する「雑人《ぞうにん》」に触れた上記の氏経日記に見られるように、資材が神宮の外で生き長らえる非公式な道も時々開いた。何世紀もの間、神宝や金具のような貴重資材が脆弱な建造物に収納あるいは据え付けられていたのだから、盗難事件はむしろ当然であった。記録に残る最古の事例は七九一年の延暦火事で、この放火盗難事件では、鏡一つと六九〇腰もの刀剣が紛失したという［Teeuwen / Breen, 2017, p. 39. 一六九六年刊行の『伊勢二所皇太神宮遷宮次第記』には紛失物品の詳細な記載がある］。

盗難事件も、ただ犯人を捕らえて罰し、品物を取り戻すことで落着したのではなく、別の財産の分配も生み出した。氏経日記は、一四五〇（宝徳二）年の神宮関係の職人が絡む盗難事件と犯人逮捕に至る経緯を記述している。事件の結末として、犯人の家屋敷は取り上げられ、地域の役人と神宮祭主の間できめ細かな分配が行われた。

正殿盗人参る歟之由、職掌人等注進す。仍りて十神主、物忌《ものいみ》等参り〔六月二十日より百日参籠〕、之を拝見する処、瑞籬板《みずがきいた》を押し破り、大床、御金物等悉く放ち取り、仍りて之を糺明する処、扇屋右衛門尉之子、六郎男・菖蒲男兄弟、両人逐電し畢《おわ》んぬ。件の金売手等之を捕らう処、六郎之妻女之を売る由答え、彼女を召し捕らえ渡し了んぬ。

〔⑰一八二頁〕

「六郎之家屋敷没収・検断」と記して氏経は没収財産の取り分について説明する。「今度彼跡得分、在地三分の一、刀禰《とね》三分の一、之を給う」、つまり、地域の有力者が財産の大部分を受け取ることになったが、「在地は仮屋、刀禰は藁屋」と割り当てられる先例もある。また「中門あるいは妻戸、在家」が神宮祭主のものになり、祭主の代官である道後が家屋敷の広さをはかり、「下地は彼の跡一段に及ぶは祭主殿進退、一段に足らざる者は神宮之斗り也。是近代之儀也。往古は一段に足らずと雖も祭主進退」と氏経は様々な分配の先例を説明する〔『氏経卿神事記』第一、宝徳二年八月八日。⑰一八二頁〕。ここでは、神宮財産の損害賠償として、犯人の土地の一部は神宮祭主が受けとることになった。

御神体そのものの窃盗となると、少なくとも神職から見れば財産を超える別種の問題であった。中世史家の山本ひろこは一三二〇（元応二）年に別宮の御神体の鏡が盗まれた事件を分析している〔山本、一九九四〕。外宮別宮の高宮《たかのみや》の屋根から何者かが入り込んだ。あとで様子を見に行った神主は鏡八一枚も含む神宝が紛失していただけでなく、侵入者が御神体を保管する御船代《みふなしろ》を開けた痕跡があり、御神体も無くなっていたのを発見した。現代の目から見ればこの事件は明らかに窃盗だが、しかし山本が説くように、御神体そのもの（これも鏡だが）が消えていたという事実に直面した神主にとっては、これを人間の仕業と解することは不可能であり、むしろ「神異」でなければならなかった。御神体とされた鏡は数カ月後に再び現れたと伝えられているので、高宮に侵入した者は結局何らかの理由でこの一品だけは手放したようだ。御神体が飛び出て再び戻る類似の話は近世の火事でも伝えられている。商品に変えるには神聖性を帯びすぎていたのだろうか、あるいは神話の崇神天皇のように、盗んだ人は「その神勢を畏れ」たのかもしれない。御神体よりは神宝や金具のほうが世俗の交換可能な物資に替えられやすかった。

一五世紀に伊勢では鏡の盗難事件は流行病のように頻繁に起こった。一四三八(永享一〇)年に両宮は、神宮正殿の様式を真似て造られた複数の神社について京都の神祇官に陳情書を出している[西垣、一九八三、一二九～一三〇頁・Teeuwen / Breen, 2017, pp. 119-120]。天照が飛んできたとされたこの新しい「飛神明《とびしんめい》」(「今神明」「飛来神」とも言う)の神社で、怪しげな神主が民から賽銭を巻き上げていると訴えた。また飛神明の流行で、神宮から鏡が次々と盗まれているという。一四五二年と翌五三(享徳一、二)年に改めて陳情したが、京都近辺のこれらの神社に対して朝廷はなかなか取り締まりに乗り出さなかった。

「飛神明」の魅力は想像に難くない。飛んでくる神鏡は「にわか聖域」を生み、神異を「発見した」という人には利益をもたらした。京都に住む参拝者にとっては、伊勢参宮の険しい道と比べれば、旅してくる神は便利であった。一四八九(延徳元)年に、両宮の反対を押し切って、天皇自身もこの神鏡の一つを本物として認定した[Teeuwen / Breen, 2017, pp. 119-120]。政治的に弱体化したこの時代、朝廷は国家信仰のなかに新たな崇拝の場が登場することを歓迎した。

広く見て、この状況は中世ヨーロッパのローマ教皇庁と聖遺物の流布にも似ている。しかし昔も今も聖遺物の信仰が盛んなカトリック教会と異なり、伊勢神宮自らがこうした奇異な事象の伝播を推進することはなかった。中世ヨーロッパでは、各教会はその創立の根拠として聖人の遺物を保持する決まりになっていたので、盗品も含め聖遺物が広範囲に出回ったし、遺物そのものが新しい住処を求めていたという論理で、窃盗は美徳とさえされた[Geary, 1978, pp. 136-143]。これに対し、飛神明のケースでさえ、伊勢神宮に所縁のある聖なる品物が流布しても、それらは「遺物」ではなく供えられた神宝であり、盗まれた神宝は神聖性の痕跡を帯びてはいても、神の一部ではない。その一方で、元の神鏡が神宮を脱出しても、行く先はなかった。「御神体」は神の断片的現出ではなく、神の身体そのものであり、遺物以上なのであった。

御神体が飛び出して、後に還ってきたという不思議譚は、「自力」で動く中世ヨーロッパの聖遺物の話を思い起こさせながらも、結局違うのは、他の場所で保管されずに必ず戻ってきた点だ。中世ヨーロッパの教会は聖遺物の分配によって拡大したが、これに対し伊勢の信仰は、神宝と私幣を吸収すること、そしてそれが腐朽しない限り変質させて曲がりなりにも再分配することをその根幹とした。儀礼の構造全体は、特定の鏡を核として不動不変のままに保管することを大前提に構築されていたので、御神体の聖なる破片が渡り歩くなど許されなかった。御神体の鏡を崇拝対象とする内宮と外宮はイデオロギーのシステムとして自己完結していた。これはある意味、古墳時代の威信財競争に加わらないというヤマト朝廷の選択の時点で既定のことであったと言える。

江戸時代になると、別宮末宮の盗まれた神宝は明らかに世俗的な形でも流通していた。外宮内人《うちんど》で国学者の喜早《きそ》（度会）清在《きよあり》の随筆『茶物語』には、一八世紀初めに高宮から鏡二四枚が盗まれる事件が記録されている。

高宮拝殿に懸る鏡大小都《すべ》て二十四枚を、旧離帳に付きたる一の木町に居たる平左衛門と云う者盗取て、正徳四年十一月廿六日浦口町にて捕えられ、同五年平左衛門が妻は追放なり、平左衛門が宿なりし浦口町孫兵衛共に死刑に行われ、其鏡を皆買蔵したる堤世古町古金屋長八が手代六兵衛は流刑にて、同年十二月十五日大坂役所まで送らる。長八も数日手錠にて閉門なり。其鏡は皆小林役所より神宮へ渡され、高の宮物忌へ渡さる。今現存する所の鏡なり。御奉行大岡氏の時なり。或は此鏡は諸方よりの寄進物にて、敢て神鏡にも非るを、甚しき裁断なりと評する人あるは非なり。凡そ律の文に大社之物を盗む者は八逆の罪に当ると云うを守り給えるなり。

〔宇治山田市編、一九二九、上巻、二七三頁〕

著者はここで御神体の鏡と神宮に寄進された鏡の窃盗を区別している。神鏡ではないので奉行の判決は厳しすぎたと評する人もいるが、それは間違いであると言っている。しかしそれより注意を引くのは、神宮の鏡を盗んだ者はこの時代に何らかの形でそれが商品になると期待していた点をこの逸話が教えてくれることだ。商家の「古金屋」という名も、宇治・山田に中古金属品を扱う商いがあったことを仄めかしている。貴金属が大量に神宮へと入り、神宮を通過して流通したことを考えると当然かもしれない。

木材の分配

神宝装束の他に、造替後の旧殿からの木材も神官の地位に応じて分配された。当然のことながら一回の遷宮で相当な量の古材が出た。両宮と別宮の鳥居や垣などに再利用される部材もあった。中世以降、外宮の旧御船代（御樋代が入る箱）は遷宮後に荒木田家の菩提寺である田宮寺に移され、御船殿という専用の建物に安置された。他にも神社仏閣や地域の町村などから旧材の要請が来た。禰宜たちはこれらに応じ、檜などの貴重な木材の定期的分配に関わる贈答関係を築いた。木材を受けとる側は神宮に祝儀を納めたので双方に利があったが、贈与経済の常として、贈与とその応答には時の経過があり、品物の受領と支払いという単純な取引には陥らぬよう取り計らわれていたために、木材を下げ渡す神宮側の権威が害されることはなかった。

これらの部材の中には全国で最も良質の檜材があっただけでなく、神宮由来のオーラも幾分か備わっていたことも確かだ。享保年間の随筆で前出の喜早清在は、古材を受け取って「諸人に誇り説」いた寺僧を厳しく批判して、廃棄された材を寺院で讃仰するのは「仏に於て甚だ不敬」であり、また「吾門の恥辱」だとして、神宮の古材は禰宜の宿舎の薪にのみ用いるべきと主張した〔⑯享保一九年〕。外部への下げ渡しが宝永の遷宮(一七〇九年)まで続いていた、と喜早は記していることから、その後はこの習慣が途絶えたと見ていたようだが、寛延遷宮(一七四九年)の折の山田奉行による取り調べから、実際はその後も継続していたことが明らかになった。この時は寺院ではなく、宇治・山田の会合(町人の組織)、松阪近辺の庄屋、そして宇治・山田の櫛屋仲間がそれぞれ古材の下げ渡しを許されたが、今回をもって最後になると言われた。この時代の山田奉行と改革を求める神官は、寺院への分配を特に強く戒め、禰宜は古材を他に渡すことも売却することもしないという誓約書を連名で書かされた。しかし、この少し後、禰宜の一人はまた寺院に用材を与えていたことが判明した〔㊸遷宮部二八、古御装束古材〕。取り締まる努力は折々なされたが、神宮から古材が外に流出する道は頻繁に開かれたようである。

海を渡った神宝

最も一般的な説明によると、遷宮の目的は神道の多くの儀礼のように、神域を清め、新たな住処と付属する物で神を迎え入れることとされ、この説明は確かにもっともらしい。式年遷宮開始の初期より、神主も職人も自らの務めをこう認識してきたことは想像に難くない。しかし、鎌倉時代から近世まで繰り返し書かれた遷宮記録にはこの「目的」についての記述はない。これらの記録に現れる造替遷宮は、神宝などの物品の奉納と分配の両方を含んでいて、多くの仮殿遷宮の事例でも、遷宮記は誰に何が分配されたかを必ず記しており、時には分配に関する討議の記録もある。神の次元では新しい殿舎や神宝装束を用意する遷宮とは禊の表現だとすれば、人の現世では遷宮は同時に古物の循環を意味した。

正式には古い神宝は境外に出てはいけなかったが、分解された形や、希には完全な形での流出は明らかにあった。境内での保存や埋蔵、あるいは神主のみへの分配は貴重な物資を独占する神政国家のイデオロギーの体現と考えられ、新しい物を絶えず境内に運び込み吸収する行為は、国家の安定を表現している。この国家が本質的に不変であったならば、そのまま自閉的なシステムは維持され得ただろうが、そうはならなかった。律令国家外の勢力がますます力を持つようになり、かつての体制は弱まっていく。その結果、遷宮の仕組みはさらに通過性を帯びざるを得なくなった。

明治維新後、古制復興という名の下で国家は最も急激な変貌を遂げ、伊勢神宮の意味と性質は再び変化することになる。次章以降でこの変化を検討する。しかし、維新後数年の間に起こった伊勢神宮の変化を取り上げる前に、神宝が境内を離れる経路の話の締めくくりとして、時代が下るが、初めて国家政策として伊勢神宮の神宝を手放した時のことに触れておこう。

一九三一(昭和六)年九月一日、当時朝鮮総督だった宇垣一成陸軍大将は、植民地神社への伊勢神宝の下賜を祝う伝達式で挨拶をした。この時、太刀、弓、靭、楯、鏡、櫛笥《くしげ》、馬形を含む一九二九(昭和四)年の遷宮で下げ渡された古い神宝が、朝鮮六社、台湾一〇社、樺太三社、関東州一〇社、そして青島一社に交付された。伊勢の神宝を他社に交付することは全く先例のないことであった、と宇垣大将は指摘している[㊱三八〜四一頁]。

この異例のイベントにより、本来埋蔵されるか禰宜に配られるか、あるいは神宮の収納庫にしまい込まれるはずの物品が、帝国の拡大を図る国家のために利用されたのである。宇垣は、神道の崇敬者は朝鮮で日々増えているが、残念ながらこれまで朝鮮の神社には「由緒ある神宝としては何等見るべきものが無かった」と述べ、さらに神宮神宝の下賜という「無上の光栄」は植民地でより一層の「敬神崇祖」を喚起するに違いない、と語った。

伊勢信仰はすでに様々に抽象的な形で日本帝国主義に動員されていたし、植民地に住んでいた日本人も天照大神を祀る自分たちのための神社を強く要請した結果、朝鮮神宮を得ていた[Uchida, 2011]。しかし国家管理下にあった神宮のポトラッチは、それまでは伊勢地域に限定された閉鎖回路であった。物品は絶えず内へと吸引されていたし、物品は境内から正式にではなく密かに出たのである。そうであるならば、伊勢神宮創立よりはるか以前、大陸から到来した銅鏡など貴重な金属輸入品の贈与交換で始まり、神宮創立後一千年以上にわたって伊勢に限定された威信財の公的循環システムは、一九二九年第五八回式年遷宮によって再び列島の枠を越えることになったが、方向は列島から大陸へとなり、古代とは逆向きであった。それでも結局、一九五三(昭和二八)年に行われた五九回遷宮までには、列島の外まで伊勢ポトラッチを拡大したこの短期間の試行はすでに終了していた。

第三章　宝物から文化財へ

神宮神宝を再分類する

明治初年より神宮の神職および神宮関係者たちは遷宮の物品について再考を迫られることとなった。西洋列強からの挑戦、開国、そしてその結果の政治革命に起因するあらゆる生活領域における全面的な見直しや刷新、再評価が進むなか、「神宝」とはどういう範疇に属するのかという問いに初めて向き合うことになったのである。明治維新によって国家と神社はそれまでの数世紀の間にはなかったような直接的関係を持つことになる。明治二年三月(一八六九年)の天皇自身の伊勢行幸はこの新たな関係の象徴であった。七世紀の持統天皇以来、天皇の神宮参拝がなかったからである。同時に、西洋諸国との国際貿易の開始、万国博覧会への参加と内国博覧会の主催などで、国家と物質的な物との新たな関係が提示されることになった。すなわち商品の製造と輸出は国力の物差しとなり、古美術の蓄積はその文明の物差しとなったのである。

こうした文脈で、神宮神宝も現在「文化財」と称されるものの一つになる道を歩み始める。物が「文化財」となるには、まず流通から隔離する必要があるが、同時に、教育的役割を果たすにはそれを展示、つまり人目に触れるようにもせねばならない。さらに、この二つの要求に応えるには、破壊も埋蔵もせず、また朽ちるに任せることもせず、いわば仮死状態で永久的に保存せねばならない。こうして特定の物品は、隔離・展示・保存によって、国家の永遠の存在を具現化するものとして、新しい地位を与えられることになる。

しかし、一般的な意味で国民国家が文化財制度を支える必須の要素であるとはいっても、博物館や歴史遺跡それぞれにはその保護者と観衆が存在する。文化財はそれぞれ固有の目的や動機を持った個人や機関によって保存・展示されているからだ。各地域・各分野で明治時代に試みられた文化創造には抽象的な意味で国民国家が背景として関わってはいるが、他の多くの場合と同様伊勢神宮の場合も、地元の宇治・山田町、度会県(後の三重県)といった神宮を取り巻く地域の機関や住民の方が東京の新政府よりも、神宝の教育的展示に向けた実際の動きでは直接的な役割を果たすことになった。こうした人々の努力は国家官僚、神宮神職の行動と相まって、神宝を再分類し、式年遷宮の意味を変えていくことになる。

文化財に分類され、恒久的な公共の位置に落ち着くまで、伊勢神宮の神宝が辿った道程は明治時代全体に及び、その間さまざまな方向からの力が働き、途中には紆余曲折もあった。現に、一九〇三(明治三六)年に神宮神宝専用の展示空間である撤下御物拝観所が設けられた後も、国民国家の関与は依然として不明瞭だったとも言える。ここでは、この道程の段階を辿りながら、いくつかの出来事を時系列に沿って綴ることにする。神宝が文化財になるプロセスも、また関係する人物も、古美術全般(神宮神宝は通常の意味での古美術ではなかったので、当時用いられた「古物」という語を用いるべきかもしれない)の社会的地位の変化に関わっていた。

古い物や貴重な品の呼称と内容を『幕末・明治の美意識と美術政策』〔野呂田、二〇一五〕などを参照しながら、以下に簡単に整理してみる。

宝物　たからもの、ほうもつ。古代よりの言葉。

神宝(古神宝)　しんぽう、かんだから。神に関わりある宝、神社奉納の宝、また天皇より伊勢神宮に奉納された宝。「古神宝」は近代の言葉。

名物　めいぶつ。室町時代以降、特定の作者ないし所有者の由緒があり、名前を与えられた物。茶の湯の世界で用いられることが多い。

古物　こぶつ、こもつ。江戸中期以降の博物学者によって発掘品など考古学対象について使われた語。また、伊勢神宮式年遷宮で正殿、宝殿から下される神宝。

古器旧物　博物館などの収納品を表す明治初期の新語。

国宝　一八九七年の古社寺保存法以降、政府によって指定された美術工芸品などを指す。

御物(撤下御物)　ぎょぶつ、てっかぎょぶつ。皇室の物。明治維新までは、「御物」は将軍の持ち物についても使用されたが、維新後は皇室のものに限定された。「撤下御物」は遷宮後に下された伊勢神宮の神宝を指す明治中期の新語。

文化財　一九五〇年文化財保護法以降、日本の「国民の文化的向上に資する」ために指定された物。

これらのキーワードはそれぞれの対象に対する特定の見方や分類法も含意しており、さらにそれらが出現し、時代とともに変化する過程には、その対象に価値を与え、かつその価値を持続させるための戦略も表れている。他の文化生産領域と同様、明治時代は古い物の分類を新たに創出する意味において多産な時代であり、神宮神宝も例外ではなかった。

発掘を待つ埋蔵品の山？

維新後最初に伊勢神宮の古神宝に対して特別な関心が払われた出来事は、埋蔵品の出土であった。明治二年六月、その年の秋に予定されていた遷宮の準備として内宮の門を建て替えていたところ、のちに鎌倉・室町時代の埋蔵と判明する古神宝が発見された。内宮禰宜は神祇官に宛てた簡潔な報告に出土品を「雑木之根掘穿之処出現之御剣七腰御弓御桙《ほこ》御楯御楊筥《やないばこ》御綾蓋御菅大蓋御彫馬御辛櫃天平《あめのひら》賀《か》之類等」と羅列した［③「第一七　神宮神宝土中ヨリ堀《ママ》出之件」］。

出土品は錆などで崩壊寸前であったが、禰宜は保存することに決めた（図**3**-**1**）。神宮研究者の中西正幸によると、この発見をきっかけに遷宮後に下げられた神宝は保存の方針へと移行し、博物館の計画につながっていったという［中西、一九九五、一八一頁］。もしこの明治二年の出来事が契機となって後年の文化財化へと発展したという確たる証拠があれば、納得のいく説明になるだろうが、その証拠はなく、おそらくは若干の役割を果たした程度だろう。だが、後年これが有意義な発見とされ、出土品の一部はのちに国の重要文化財指定を受けることになる。

神祇官への報告は「寛延二年御鑣《くつわ》出現之例に任せ永く神庫に納め奉り候」と続くので、先例もあったことは明らかである。同じ寛延年間(一七四八~五一年)には、遷宮後の古材を近辺農村に売り払う習慣を取りやめたという記録もあり(第二章参照)、神宮が遷宮後の品々を保持することにしていた時期に当たるようだが、これは歴史的には例外であったし、寛延時代の出土品は考古学調査や古神宝保存の方針策定には繋がらなかった。

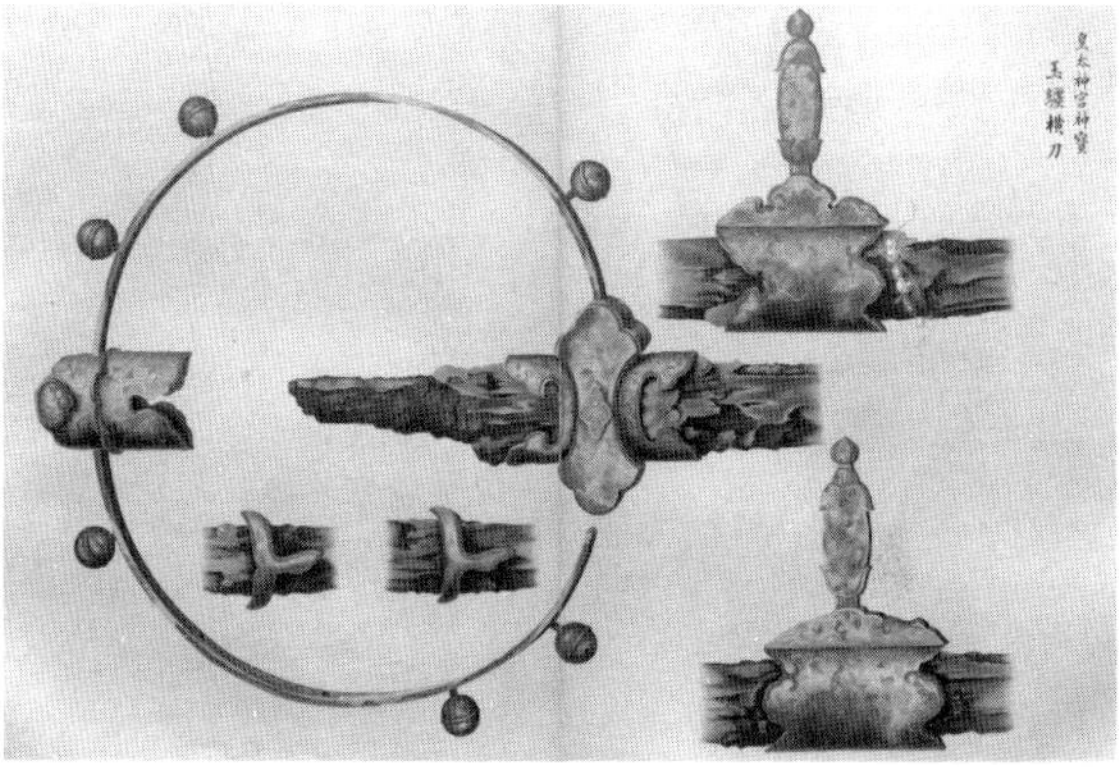

図 3-1 『国華余芳』(国立印刷局, 1880 年). 1869 年遷宮前に内宮境内で出土した鎌倉時代の刀.

それまでの遷宮で古神宝を埋めるのが通例であったならば、盗難がない限り神宮境内とその周辺は発掘を待つ埋蔵品で溢れんばかりのはずだ。考古学的関心を持つ神職であればこれを承知していただろうし、明治二年の発見当時に神宮に所属していた禰宜の何人かはその二〇年前に実際に神宝の埋蔵に参加したに違いない。むしろ何世紀にもわたって古神宝が地中に蓄積されながら、発掘計画もなく疑問も提起されなかったことが謎である。現在の遷宮の場合、刀剣は毎回六〇柄が奉納されている。仮に八〇四年に書かれた最古の神宝記録の時から明治二年までの全ての遷宮に奉納された神宝を総計できるとすれば、金銀宝石類を施したものも含めて数百から数千の刀剣、数え切れないほどの銅鏡やその他の貴金属製品が神宮周辺に埋められていることになる。遷宮記の記録に

図 3-2　世古恪太郎（1824–1876 年）肖像

ある通り、分配もされたが、すべてではなかった。こう考えてみると、明治二年にわずかな古神宝が偶然発掘されたことだけで神宮神職たちに決定的な意識の変化が起こったとは考えにくい。

神聖な役割を終えた神宝の新しい処分を考える動機は、むしろ神宮の外からのものだった。明治二年八月、古神宝発掘からわずか二カ月後、たまたま新政府で京都府の判事を務めていた世《せ》古《こ》恪太《かくた》郎《ろう》（別名、延世《のぶつぐ》）という人物が（**図 3-2**）、古神宝は永久に保存すべきだという以下の意見を神祇官に寄せた。

> 旧例には古物御神宝御装束を或は土中に埋め或は焼き或は禰宜等分配致し候趣に承候。今年より御改正別に神庫を立てさせられ都《すべ》て古物は千歳迄現存致し候様遊ばされたく存じ奉り候事
>
> ［③明治二年八月］

これに対し神祇官側（おそらく三条実美《さねとみ》）は調査すると回答し、こう伝えた。

> 神宝御装束等散乱致さざる様取り纏め置く置き場之儀は伺い出でる可き事
>
> ［同上］

世古恪太郎は伊勢神宮史上著名な人物ではないが、明治初期の変貌の経緯には何度か現れる。松阪の商家に生まれた世古は神宮禰宜足代弘訓《あじろひろのり》に国学を学び、尊皇攘夷の活動に入った。安政の獄で吉田松陰と同じ牢屋に投獄され、現在は主にその獄中日記で知られている。その後三条実美の庇護を受け、維新後に京都府判事の職に着いたのもおそらく三条のお陰だった。

神祇官に神宝保存を上申した時、世古がその二カ月前に内宮での古神宝の発掘の件を承知していたかどうかははっきりしない。また、のちの活動で明らかになるように、世古が特に古物の愛好家というわけでもなかった。永久保存を訴える彼の建言はむしろ忠実な尊皇派としてそれまでの古神宝の扱いに対する憤りによるもので、皇室に関わる事物のオーラを高めることを重視した彼には、埋蔵と分配は不敬だと感じられたようである。建言は遷宮より一カ月前に届けられたが、慣習は即座には変わらなかったので、遷宮後の古神宝は少なくとも一部は以前と同じく地中に埋められただろう。しかし一八八九(明治二二)年に行われた次の遷宮の前までには、遷宮後の役割を終えた神宝は地上に永久に保存する方針が決定された。

明治二年の建白書

『三重県史談会会誌』に掲載された世古の略伝によると、明治二年一一月に岩下左次右衛門《さじえもん》(別名、方平《みちひら》)とともに全国の宝物調査を提案する建白書を著した。建白書は「全国家々の系図調査及び近国宝物古文書等保護」を求めるものだった〔松本、一九一二、二五六頁〕。建白書原案を含む維新関係資料展覧会がのちに三重県で開かれた時に、その目録で世古は「国粋保存の倡首《しょうしゅ》」と評されている〔㊸五頁〕。この建白書はおそらく新政府関係者が著した最初の保存関係の提案だったであろう。一八七二（明治五）年に文部省の下で実施された壬申検査は日本最初の国家による文化財調査として、また近代日本の文化財保存及び博物館政策の始まりとして有名である。しかし、その背景には以前からの蒐集、考証、そして展示の系譜があった。世古と岩下の建白は壬申検査とどのように具体的に関係したのかは謎も残るが、重要な先例の一つになったと思われ、神宮と三重県にひっそりと眠ったまま、ほぼ忘れられているこの建白書は日本の文化財保存政策の端緒と位置付けることができる。しかし同時に注目すべきは、当時、建白者が保存の対象を後の文化財政策とはかなり異なる枠組みで考えていたとも読み取れる点である。

岩下佐次右衛門は薩摩藩士で大久保利通の腹心であった。一八六七年のパリ万国博覧会に岩下は薩摩藩より「日本薩摩琉球国太守政府」の代表団に参加した。薩摩に戻ってからの報告では薩摩と幕府との対立が主眼になっているが、しかし国際博覧会では品物そのもので張り合うという認識も見える。「日本薩摩琉球国」という奇妙な国名で薩摩は主権の問題を複雑にしようとしたが、ヨーロッパの観衆からすれば、対抗する二つの政府が展示した製品はいずれも単純に「日本」を表象していた。岩下も報告では薩摩の展示品を「日本産物」と呼んでいるので、このヨーロッパ人の見方を理解していたことがわかる〔岩下の博覧会報告は「岩下・五代対話五代演舌ノ大意」㉓四七九〜四八七頁〕。

岩下はパリで西洋諸国が優れた製品と古物とを所定の分類に従い、競い合って展示している様子を目にした。文化人類学者バートン・ベネディクトが指摘するように、一九世紀の万国博覧会は近代政治における一種のポトラッチであった。ちょうどポトラッチが物の過剰による部族間競争の手段であったように、万博は物の過剰による近代国民国家間の競争の手段と化していたのである[Benedict, 1983, pp. 6–12]。岩下とともに薩摩藩士町田久成《ひさなり》も博覧会に参加した。町田はイギリスとフランスにそれまで二年間留学しており、後に壬申検査を提案する人物である。幕府と薩摩それぞれの代表団はヨーロッパで、将来の博覧会に向けて日本の文明を表現する物品の保存と分類の重要性、そして関連する博物館建設の必要性を認識させられた。

一方、世古には海外旅行の経験はなかったし、おそらく博覧会や大英帝国博物館、ルーブル美術館などについてはあまり知らなかっただろう。町田がロンドンで学んでいた頃、世古は京都の朝廷に出入りし攘夷運動を推進していた。世古の文化財保護への関心はヨーロッパの影響ではなく自国の内政から生まれたものだった。

神宮文庫には世古と岩下の建白書に関連する文書が保管されている。一つは一一月の日付で大久保利通宛、建白書の原案らしい(何年かは書かれていないが、略伝に記されている明治二年一一月であろう)。もう一つはこのあと三条実美宛に、明治三年六月に世古が書いた数通の建言の中に入っている[57]。原案らしい文書は家系図や古文書(「旧記」)の調査の必要性を唱え、以前このような古文書調査を幕府に依頼されたことがある高齢の元幕臣武田又楽という人物を中心に「心得候者」四、五人を集めて調査団を組むように勧めている。社寺が保管する「秘庫秘書」を隠す旧弊を批判して、それらを調べて、政府や学校のために複写すべきだと主張している。

翌年同じ提案について世古が三条に宛てた書簡も残っている。政府は彼らの提案を受けて実施はしたが、しかし、その方法は「行き届かず」、調査は失敗だったと訴える。調査団を派遣する代わりに京都近辺の社寺へ通達が出されただけで、結果として大半の社寺が文書宝物を取り上げられるのを懸念して協力を渋り、「御用にも相立たざる仏器書画」などの目録を提供しただけだった。政府は自分の提案を誤解して無駄なことをしただけだとし、武田又楽とともに筆生二、三人、画工一、二人、と「在京の官人」一、二人を派遣して、広隆寺、叡山、東寺、大徳寺、東福寺、醍醐寺、大和国東大寺、興福寺、法隆寺などの主な寺院で直接取り調べるようにすればよい、と勧めている(57)。

このように、かたやパリ万博の経験者で、もう一人は伊勢神宮の改革唱道者であるという京都在任の新政府官吏二人が明治二年に、少なくとも形式としては文化財保護に関わる建白をしたが、ここで文化財の中で強調していたのは古文書と家系図であった。これを受け、政府は簡略な形で一応行ったが、失敗に終わった。建白から約三年後の壬申検査において、概ね世古の建言の大枠は受け入れられたが、目的も内容も異なるものだった。今回の検査は、武士の家系に造詣が深かった高齢の武田又楽に代わり、新しく創設された文部省博物局の官僚であった蜷川式胤《にながわのりたね》という若くて国際的な考古学専門家が任命された。世古は壬申検査の執行計画には関わらなかったが、調査団の一員には選ばれた。

世古と岩下の原案に見られる家系図への執着は、のちの構想から消えた。価値ある「旧物」を「旧家」の系譜と結びつけていた明治二年の彼らの原案は、彼らが国の「遺産」を各大名家・社寺の「家産」と同一視していたらしいこと、すなわち国民国家を基礎にした考えではなかったことを示唆している。同年六月の版籍奉還で大名は領地の支配を中央政府に譲ってはいたが、大名家と家臣団そのものは依然として存在し続けており、廃藩置県はまだ二年先のことである。世古と岩下の意図は、「国宝」や「文化財」を通して国民国家日本の悠久の歴史を主張することではなく、むしろ「宝物」を保有してきた「家々」を国家の悠久の歴史の器として扱い、この支配層の名誉を主張することにあったように見える。そしてこの点ではパリ万博に出展した薩摩藩も同様であった。

二人は封建的「家産」の保存を主張していたが、それは岩下にとって大名家の没落に乗じて利を得ようとする行為の妨げとはならなかった。維新当時、大名家の多くは深刻な負債を抱え、政権の変革と廃仏毀釈によって古物の流通は加速していた。大久保利通宛の岩下の書簡を見ると、明治元年に大久保は新たに放出されたこうした財産の氾濫の中から価値のある物を入手しようとしており、岩下はその偵察役を務めていたことがわかる。パリから帰国した岩下は京都在任中、年に数回、古物市場の状況を大久保に伝えている。大久保にはさぞ残念だったろうが、これらの書簡は繰り返し「名器なし」との報告を大久保に届けただけだった。今こそ取得できるのではと大久保が期待していた茶道具などが岩下の前に姿を現すことはなかった〔⑳一九～二八頁〕。大名家や朝廷の所有に由来する「名器」や「名物」は、岩下のような地方出の新顔が簡単に入り込めない市場、要は古くからのコレクター間でのみ流通していた。「名物」とは、長い歳月をかけて数寄者の手垢を集めたがゆえに気格が蓄積されるという、古い物がまとうもう一つの価値体系なのであった。京都から遥か遠方の下級武士に生まれた大久保自身、維新前ならばこうした「通」の世界に参入する夢すら見られなかっただろう。

パリ万博で岩下は、自国の「名器・名物」の威信財競争とは全く異なる原則によって機能する貴重な物品の価値体系に出会った。この体系では、物はその国の生産と文化の価値の証明でなければならなかった。一般大衆の眼前に展示され、品評と表彰を経て、最終的には代価を払えるなら誰でも買える商品となる。国際的な場では日本の物は「美術」「工芸」として国家を代弁するよう要請されていたが、一方、国内では財物の閉じた循環と品評のシステムは崩壊に向かっているように見えた。天皇にまつわる古代神話を国家イデオロギーの頂点に昇華させる動きとともに、この二つの動向は古い物を国家にどう役立たせるべきか定めるよう迫ることになる。
壬申検査に至る流れをまとめると以下のようになる。

慶応三(一八六七)年　パリ万国博覧会。薩摩藩の代表団に町田と岩下が参加
明治元年　明治維新。神仏分離、宝物流出が始まる
明治二年六月　版籍奉還。負債を抱える大名家が家宝を売却する
　同年夏・秋　岩下が京都で大久保のために名物を探す
　同年一一月　世古と岩下による建白書提出
明治三年六月　政府が京都の社寺へ通達。世古が追加調査を要求
明治四年四月　町田らによる華族宝物調査の提案(一八七二年四月実施)
　同年四〜五月　町田発案により太政官が古器旧物保存方を布告
明治五年五月　壬申検査(〜一〇月)

国民国家のための旧物へ

万国博覧会とヨーロッパの博物館に影響され、外務省は国立博物館(集古館)設立の必要性を唱えるようになる。そして明治五年三月(一八七二年)に文部省による最初の内国博覧会(湯島聖堂博覧会)が開

催された。その準備の一環として町田久成の発案により、旧大名家を含む華族の「宝物調査」を実行しようとした。しかし、その前の社寺調査と同じく通達で協力を求めただけだったので、信頼は得られず反応は鈍かった。通達には「国宝」という新語が使われたが、旧大名家からすれば所蔵の品は相変わらず「家宝」なのであった。野呂田純一が明らかにしているように、考古学的価値のあるものを提出した大名家もあったが、物品が語る家系ともいえる「名物」の共有はとりわけ嫌がられた〔野呂田、二〇一五、一五二〜一五五頁〕。

この時点で、国家にとって貴重な「古い物」の探求は複数の形で進行しており、これらの中心的推進者は町田久成であった。華族宝物調査が立案されていた明治四年四月、当時物産局に所属していた町田は文部省の前身「大学南校」を代表して「古器旧物」の全国調査を太政官に建言した。この建言も大名家の宝物を射程に入れていたらしい文言もあるが、しかし価値ある物についてより広い視野を持っていた。「歴世相伝仕居候宝器は勿論自余の雑品も」調査すべきだと、様々な「雑品」も考慮に入れていた〔①〕。

調査や保存は国家の威信の問題というだけではなく、西洋諸国の文明の進歩を誤解している大衆に広まっている「厭旧尚新の弊風」を正すためにも必要だと主張した。この建言の結果出された「古器旧物各地方ニ於テ保存」〔同上〕という布告によると、旧物は「制度風俗の沿革を考証」するために有益であり、保存の対象物の分類目録として、「神祭に用いる楯矛その他の器物」を含む祭器で始まり、古玉宝石、石弩雷斧、古鏡古鈴、銅器、武器、古書画などと続き、「農具」「雨衣」「皮革」「偶人幷児玩」など、「神代より近世に至る迄和品船齎に拘らず」、相当幅広い範囲の物の保存を求めたものであった。古神宝も冒頭に出る祭器として、出土品であれ地上に保存されたものであれ、国家にとって貴重な旧物の分類では重要な位置に置かれることになった。大英帝国博物館と江戸の風俗考証の伝統に影響を受けたこの布告の内容は、世古と同じく神々に関わる物を優先させながらも、世古と岩下の提案より普遍的な提言をしている。

こうして古物・旧物に関心を寄せ始めた明治政府は、明治五年に国家にとって文化的意味のある物を網羅する初の大規模調査の試みである壬申検査を実施した。関西における調査計画は二年前に世古が提案したように東大寺、法隆寺、大徳寺、東寺などを含んでおり、博物局官吏の蜷川式胤は調査に中心的な役割を担った。蜷川は京都東寺の公人《くにん》の家に生まれ、若い頃から関西の古美術界に親しんでいた。鈴木廣之が明らかにしているように、蜷川の風俗考証的関心はのちに正統化されていく文化財ヒエラルキーとは異なる価値体系に立っていた[鈴木、二〇〇五]。

蜷川の古い物に対する見方は、世古恪太郎のそれとも違っていた。世古は壬申検査の調査団に加わり、伊勢では案内役を務めた。蜷川が旅行中につけた日記を見ると、世古をあまり高く評価していなかったことがわかる。明治五年六月二九日の東京宛の報告事項を綴るなかで、世古について三つの苦情を記している。世古の正倉院での行動は勝手で不始末だったこと、東大寺宝物の太刀を錆の原因になる木綿に包んだこと、そして法隆寺にあった上古の宝物をただの古い箱だと言って取り除いたこと。「加様のこと有るも不心得の人為也、已後はか様の人相遣ざる様致し度候事」と蜷川は締め括っている[㊾二五五～二五六頁]。

一方、壬申検査に対する世古の態度は、一八七三(明治六)年に結果を伝えるために大隈重信に宛てた書簡から窺える。伊勢両宮を筆頭に重要な宝物を保持する社寺を列挙するが、調査した大部分については懐疑的な前置きを綴る。「社寺数百ヶ所検査之宝物目録之通数千に及び候得共、其の中或は玉石混淆或は仏家之具贋作之品物書画粗悪之物品見るに足ざる十の八、九」とした上、文末には検査に派遣された人数は必要以上に多くて煩わしいのに加え、費用の無駄遣いだったと文句もつけている[40]。

つまり、蜷川にとって世古の古物の扱い方は粗野に映ったが、一方の世古は調査で発見された多くの古物について彼らが騒ぎ過ぎだと感じていた。しかしそれより根本的な相違は、古物を今後どうするかについての見解であった。蜷川は展示を考えていたし、博物館構想は蜷川から見れば当然のように、自分の生きてきた研究者と好事家のネットワークの延長線上にあった。しかも、このネットワークは日本を超えていた。その有名な事例としてエドワード・モースが挙げられる。蜷川はモースに日本の陶器の見方を教え、ボストン美術館コレクションの蒐集を手伝った(**図3-3**)。

これとは対象的に、世古は市場や部外者から宝物を守る構想を描いていた。世古はむしろ宝物が離散すること、値しない者の手に、とりわけ外国人蒐集家の手に渡ることを恐れていた。と同時に、神宮神宝の埋蔵を取りやめるよう建言したことから明らかなように、宝物(少なくとも神宮、皇室、由緒ある「家々」の宝物)を歳月による荒廃から永遠に守らなければならないとも信じていた。大隈宛の書簡で、博物館展示ではなく、「永世現存」のために堅固な倉庫に仕舞い込んで「鉄封」することを勧めた。明治維新の思想が万世一系という神話を根拠としたのと同様に、世古の保存思想は古物の教育的価値にではなく、不変の存在という幻想に基づいていた。

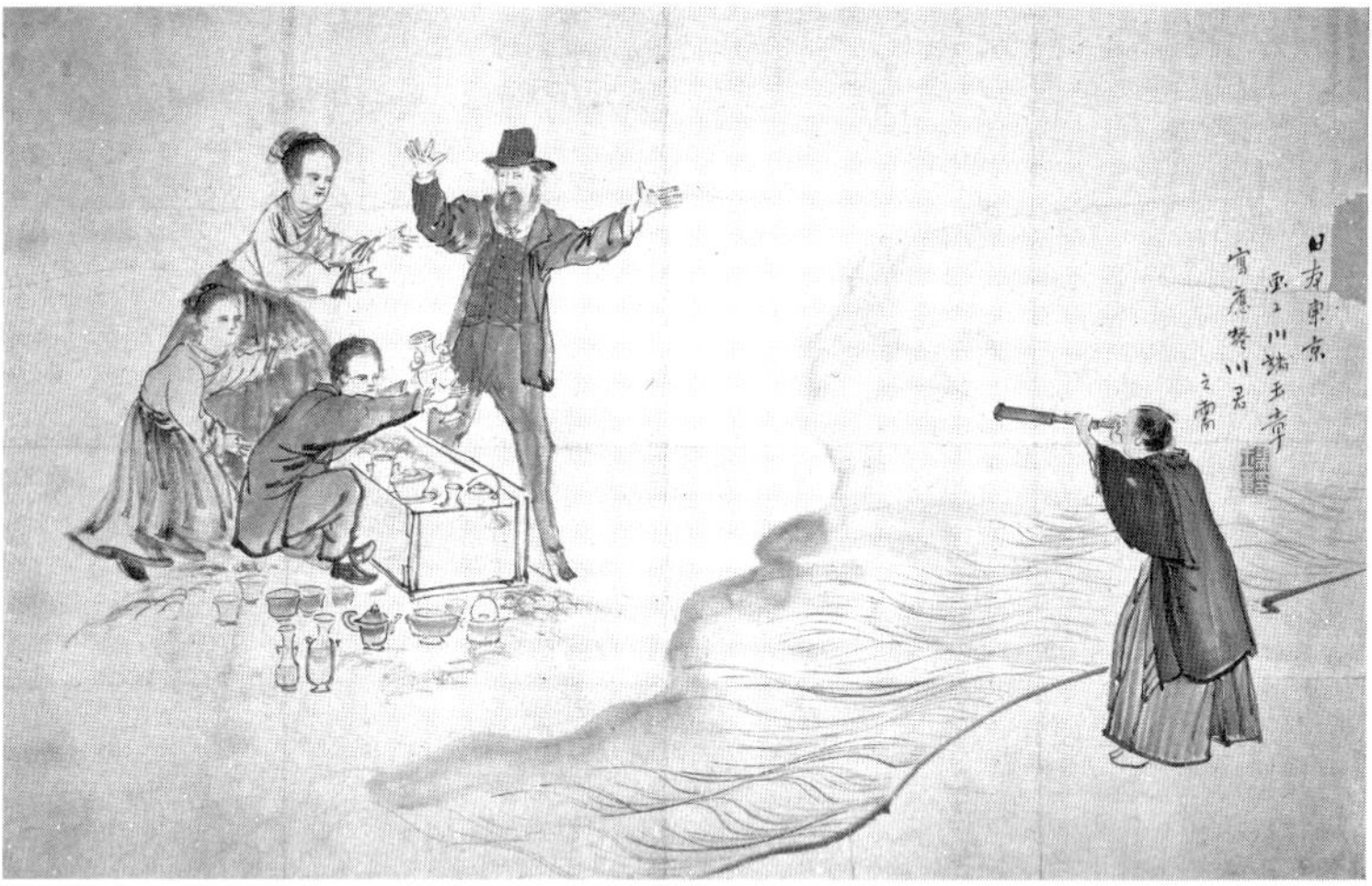

図 3-3　川端玉章画（Peabody Essex Museum 所蔵）．日本から送られた陶器をボストンで受け取るエドワード・モース一家を蜷川式胤が望遠鏡で眺める．

伊勢では世古の斡旋で調査団は神宮付属の宮崎文庫蔵と個人蔵の古太刀その他の古物、古文書を見ている。蜷川の日記は神宮神宝の目録も含んでおり、冒頭に「古器物」が記されている。蜷川は明治二年遷宮の直前に発見された古神宝についても、出土の地点、日と時間まで詳細に記録した。目録は近年の神宝へと続き、「近来作る物と云え共、古の考証に相成り、且極めて上宜に造られしかは、見事に而、近来外国人も是を見て驚きし由成」と評価している［㊾二六、三五頁］。

「天産人造の器財」の神宮神宝

実際、この神宝の一部は翌年に神宮境外で初めて展示されることになる。一八七三年の春、博覧会の流行に乗り、度会県庁と神宮司庁の後援を得て伊勢山田の有志は地元の博覧会を開催した。博覧会の発表では展示品は次のように広く想定されていた。「内外両宮の御神宝を始め天産人造の器財民間私蔵の珍秘其他外国の物品珍獣に至る迄汎く募集し一場に陳列し以て古今の沿革を考証し人智を開き文明の域に進歩せしめんと欲す」[⑱]。この展示に貸し出すために書かれた寸法などを含む神宝の目録が神宮文庫に残されている。前章で触れたように、江戸時代には遷宮前に京都から新しい神宝が到来した際、境内で一日だけの特別公開を行う慣習があった[吉川、二〇一二、一一頁]。しかし、この文明開化時代の博覧会は江戸時代の慣習と異なり、大衆教育という目的のため遷宮後の古神宝は神宮境内から出て、他人の所有物と並べて展示された。内宮からの出品には銅鏡も須賀利御太刀《すがりのおんたち》も含まれ、一八四九年の嘉永遷宮か一八六九(明治二)年遷宮で下げられて埋められなかった物だったろう。しかし、新しかろうと古かろうと、山田の町へと渡るだけでこれら神宝は、神聖なるものから「人造」品の見本へと異なる分類に配置され、博物館の前身とされる「驚異の部屋」のような空間に置かれた。

伊勢山田博覧会の他の展示品は販売されていたので、神宝は交換可能な物品の世界の中に一層明瞭に位置付けられた。この博覧会は地元の学者や商人が開催し、元御師の居宅で開かれた。二年前の抜本的神宮経営改革で御師は職を失っていたが、どうやら地域社会では相当な地位を保っていたようだ。神宝以外にも、この博覧会の広告には「海外各国機器花木鳥獣織物類」を含む広範なカテゴリーが羅列されている。陳列品目録は『度会新聞』に掲載されたが、この目録から内外両宮と別宮からの多量の神宝を貸し出されたことがわかる(ところで、博覧会の四年前に出土した古神宝は目録にない)。博覧会では神宝は特別展示品として扱われたようではあるが、同時に、全体の枠組みであった普遍的博物学は、神宮で以前行われた開帳からはかけ離れた形で、聖なる物品をその基本的物質性へと帰着させたのだった。

帝室のお下がりとオーラ

しかしながら、他の様々な局面でもそうであったように神宮神宝に関しても、明治初期は特異な時期だった。二度目の公開展示には数十年を要した。それは別の主催の下、古い神宝を改めて再分類する過程においてのことである。一八八六(明治一九)年、別の有志によって「神苑会」という組織が設立された。神宮境内の威厳を高めるために参道沿いに建っていた家屋や商店を取り払い、両宮の周辺に動物園、水族館、博物館を建設して一帯を近代的観光名所とするのが目的であった〔ブリーン、二〇一五・谷口、二〇一二、二五四〜三〇一頁〕。創立メンバーに一八七三年の博覧会に関わった人物はおらず、谷口裕信が明らかにしているように、創立の中心となった二人は神職でも宇治・山田出身者でもなかったが、募金の大半は地元から入った。博物館建設募金のため神苑会は一八八九年に本拠地を東京に移し、そこで皇族、政治家などに呼びかけて著名人を集めた評議会を立ち上げた〔谷口、前掲書、二五五〜二五六頁〕。神苑会の活動には天皇制国家主義と地域おこしが融合していた。

神苑会の設立趣意書にはもう一つの目的も唱えられていた。内宮近くに神宮神宝を展示する拝観所を造ることである。参道の整備は一八八七年に完了し、公園や博物館の大掛かりな計画も徐々に進んでいたが、神宝の拝観所は一九〇三年までかかった。実現の背景には、その年に大阪で開かれた第五回内国勧業博覧会があった。博覧会決定後の一九〇二年に、神苑会代表は博覧会観客を三重県に誘致する手段として県庁とともに神宝展構想を立てた。両代表は神宮司庁に数回交渉して、その賛同を得た。そして神苑会代表と神宮の少宮司は、内務省の許可を求めるために東京に赴いた。

ところが内務省は許可を拒んだ。内務省官僚は、神宮司庁の賛同にもかかわらず、天皇のオーラを帯びた神宮神宝を平民中心の組織が展示することを危惧したようだ。神宝は神宮を離れたことがないと、事実に反した主張で退けた。一八七三年の伊勢山田博覧会はすでに忘れられていたのか、交渉では双方とも触れなかった。交渉の結果、建設後は神宮に献納し、その管理運営も神宮に譲るという条件で、神宝を展示する拝観所建設の許可がようやく下りた。ただし入館は国会議員、一定の官位以上の官吏、赤十字社正社員、軍服姿の在郷軍人そして神苑会関係者に限られ、一八七三年展示の際に目的とされた大衆の教育からはさらに遠のいた。

神苑会設立（一八八六年）から神宝展示の拝観所を求める内務省への出願（一九〇二年）までの間に、神苑会は神宝の名称を変えた。初期の資料では「神庫の宝物」「御神宝」などと呼称は一貫していないが、一九〇二年の拝観所設立出願の資料では「撤下御物」という新しい表現が使われている。おそらく新語だったこの言葉は神宮神宝の新しい分類方法を意味し、天皇との所縁を強調することで地域のイメージ・アップを図ろうとする神苑会の努力の一端を示している。「御物」という言葉自体、以前は将軍や朝廷、また伊勢以外の神社の物に対しても使われていたが、この時期から天皇関連の物のみを意味するようになった〔御物については野呂田、二〇一五を参照〕。

時代は天皇崇拝が国家と大衆メディア双方によって増幅されていた明治後期であり、「撤下御物」という言葉は「神宝」という総称よりも強く崇高なイメージを強調する意図があっただろう。一八七三年の神宝の出品時には「天産人造の器財」として雑多な展示品と一緒に大衆の眼前に陳列されたのだったが、今回はまさにこの世の一般の物品からの距離を強調するために公にされるのだった。

神宝のために常設展示施設を造る運動を率いたのが天皇制国家でも神宮でもなかったことは重要である。現に、この運動は国家神道を推進するのに一役買ったはずなのに、神宮司庁は受け身で、国家官僚は消極的であった。双方とも、大衆向きの宣伝と皇室及び神宮の超越性との間でバランスを取ろうとしていた。「撤下御物」展示構想の出現から、保存・展示施設の建設とそれに伴う神苑会解散まで、運動を推進したのは主にエリートの平民であった。これは神宮を取り巻く貴重な物品の循環を制御する国家とその外部の人々との間で長らく続いてきたせめぎあいが、新しい段階に入ったことを意味していた。後の章で見るように、式年遷宮には大衆が神職や当局の力を圧倒するほど大きな役割を果たした時代もあった。大衆の力を完全に制御することはできないにせよ、明治以前には、御師は一般民衆と聖なるものとの間の仲介者として重要な役割を果たしていた。だが、維新後は神宮と国民との新しい関係が築かれることになり、仲介役の御師たちは追い払われ、代わりに民間エリートが、天皇と国体の名の下で神宮と国民の関係の先導役を担おうとした。その点で天皇からの「お下がり」というオーラは、大衆の教化に役立っただけではなく、近代天皇制国家の構築と地域観光という二つの領域に投資していたこれらエリートは、そこから利益も得たのである。

神苑会は、一八七〇～八〇年代に全国各地で皇室の栄光にあやかって自らの運動を進めようとしていた多数の地域エリート団体の一つであった。それらは政党の出現や全国的運動の媒体となった新聞の成熟とも並行して進展し、この時代以降、近代教育を受けたこの新興エリートの動きが、元老の策略に劣らぬほどの勢いで、天皇制国家の構築を担っていく。一八八八年から配付された天皇、皇后の肖像も、その掲揚自体義務でもなく強制された訳でもなかったが、全国の学校に「御真影」を安置する奉安殿設置を競わせるなど、地域における皇室崇拝を養う名目で政府が主導する場合があった。一方で、神苑会が計画した「撤下御物」展示に対して内務省が制限を加えたこのケースは政府に地方の情熱をむしろ抑制する傾向も現われ、国家によるイデオロギー操作と地域振興という力学が働くなかで天皇制国家が築かれていったことを確認できる一例である[Gluck, 1985・多木, 二〇〇二]。

神宝、地上の石造建築へ

一九〇九(明治四二)年に竣工した神宮神宝の常設展示施設は「徴古館」と名付けられたが、この名にもかかわらず、最も誇りとなる展示品は実はさほど古くはなかった。一九〇三年神宮司庁の支援で建った「撤下御物拝観所」は一九一二年に閉鎖され、神宝は徴古館に移管されたが、開館段階では拝観所はまだ建ったままで、徴古館の展示品の多くは直接神宮と神宮司庁からのものではなく、市民の寄贈であった。当初の目録には神宮の「撤下品」六点だけを展示する部屋の記録があり、「旧来の御神宝は……埋むるを例としたりしが、ここに陳列せるは当時故ありて巷間に伝わりしなり」との説明が加えられている[㊺六〇~六一頁]。この一室の展示品からは、閉鎖空間であったはずの神宮から神宝が時々流出していた長い歴史が垣間見られる。これに対し、一九四一年に刊行された図録は「神宮御料」と称して、遷宮後に撤下された神宝を中心に据え、明治初期に発掘された鎌倉時代の太刀もこれに続く重要な位置に記録されている。この図録にある「神宮御料」とは一八八九年の五六回遷宮のために作られ、一九二九(昭和四)年に撤下された神宝装束で、地上での永久保存という新体制に帰属

図 **3-4**　神宮徴古館(当初).

するものであった[㉟]。

徴古館はルネサンス様式の石造の建物だった(図**3**-**4**)。設計者片山東熊《とうくま》は同じ頃、ヴェルサイユ宮殿を模して贅を尽くした本格的バロック建築の赤坂離宮(現在の迎賓館)の設計も抱えていたが、この二例は全国でも希な石造建築であった。徴古館の竣工は一九〇九年の五七回遷宮にギリギリ間に合った。古神宝の新しい住処となったこの石造建築は、儚い物品を永久に保存するのに必要な環境を提供した。ある意味で、石室に王の貴重な物を納めていた古墳時代への逆戻りにも思えるが、今度は永遠に葬るためではなく展示するためであった。現在に至るまで徴古館の神宝は神宮から借りており、館の所有ではない。また、過去の多くの神宮神宝の所在は依然として不明のままである。いわば、神宮神宝は一方で近代国家の文化財という側面をもつが、他方で王の個人的副葬品にも似た性格を併せもつとも言える。このように考えると、全国の由緒ある「家々」の所有物を「皇国」の財産として調査しながらもそれを国民に公開しないという方針を想定した世古恪太郎の文化財保存計画における古物のように、神宮神宝は国の文化財と神宮の私的な「秘庫」との間で彷徨う存在でもある。

世古恪太郎は一八七六年に世を去り、念願だった神宮神宝の保存を見ることはなかった。徴古館完成と撤下御物の移管によって、世古が望んだように神宝は「永遠に現存」されることにはなったが、彼の予想とは異なり、国家と地域、聖と俗との独特な妥協の形で実現したのだった。

第四章　黄金の桶をめぐる一件

「黄金の御樋代」と新政府

大衆の教化を目的にした宝物展示は、維新後に広まった新たな価値のつけ方であった。しかし、公開展示とは逆に、大衆から隠すことで物の価値を高めることも可能である。これは神宮の保護者はもちろん以前からよく理解していたし、維新を経て天皇を護持するようになった人たちも顕示と隠蔽を戦略的に演出する重要性をよく理解していた。そして明治初期から、御神体が入る御樋代《みひしろ》という丸い容器の遷宮後の取り扱いの問題に直面し、中身のオーラを増幅するために秘匿するという解決法が最終的に選ばれていた。

内宮・外宮それぞれの御神体となっている鏡は錦に包まれて御樋代に入る。御樋代は金で調製されていたので「黄金の御樋代」と称された。この容器はさらに御船代《みふなしろ》という長方形の箱に入り、正殿内に置かれる。これらの容器は神宝装束と同じように遷宮ごとに新製されていた。中の鏡だけは変わらず、それを包み納める全ての包装や装備は取り替えられるのである。御樋代が金製であることは延喜式などの古記録には記載されておらず、中世以降の仕来りのようだ［中西、一九九一、二一五〜二一六頁]。

神宮神宝が神官に支配された循環システムの資材から国家の文化財へと性格を変えた数十年の間、鏡の容器であるこれらの桶についても議論があり、ここでも世古恪太郎の発言は一つの重要な起爆剤となった。神宮神宝を含む全国の価値ある宝物を調査し、「永世現存」のために倉庫にしまい込むべきだと世古が提案した時に、博覧会のような新しいポトラッチの場に参加して国家の威信を宣伝するのか、それとも不変の物を大衆の目から遠ざけることで伝統的な権威の形を持続させようとするのかという問題が提起されたが、黄金の御樋代をめぐる一件も、循環か静止かという問いの縮図となったのである。

一八六九(明治二)年から一九〇一(明治三四)年までの間、神祇官、宮内省、内務省、会計官(後に大蔵省)、太政官(後に内閣)の官僚、そして皇室の側近で、この桶のあり方と取り扱いについて委細な論議がかわされることになった。このやり取りの参加者のほとんどは議題の専門知識がないことを自ら認め、神宮神職にも相談した。彼らは当然専門知識があったが、それを共有したがらなかった。結局、官僚は総理大臣を含む政府指導者の意見を求め、天皇自らの「御治定」を仰ぐことになり、桶そのものを封じてしまうことで決着した。

遷宮をどう行い、その費用をどう賄うかの議論に、神宮儀式の実際を知らない新しい政府官僚が参加するようになってから、儀式の核心となる聖なる物体およびその容器の物的性質について新たな質問が発せられるようになった。すなわち、容器の材質は何か、なぜそうなっているか、聖なる内容物との合計で重さはいくらか、容器は内容物の鏡を十分に保護しているか、そして収納と運送の役割を終えると容器はどうなるのか。異なる政府官庁にいる当事者からの尋問の結果、桶の聖なる内容は以前と比べてより畏れ多い存在になり、その一方で、より脅威にも晒されることになり、事故を警戒すべき存在にもなった。

明治二年二月二六日に、神宮の禰宜から次回遷宮に要する御樋代に使用される金の請求が神祇官に送られた。内宮・外宮それぞれに判金《ばんきん》三〇枚が必要とされていた〔③「第六　神宮御樋代之件」〕。「当節吹立ての判金にては、位品量目以前に相劣」るということで、純金で古判金六〇枚に相当する量を給付するよう依頼している。前年の八月にすでに願いを出していたが、応答がなく、金の交付は「神慮御快然之至り」になると付け加えた。この請求に答えて、神祇官側は、使用後の御樋代の金はどうなるかを問うた。神宮禰宜は「右古物之御品は最も神秘重事之御器、御形顕《おんぎょうげ》にこれ有り候ては其患少からず、仍て悉皆細砕之上、先規の如く一禰宜、禰宜中拝戴仕り候御儀に御座候」〔同上〕と、最も神秘で重要なものなので人目に触れないよう、細かく砕いて自分たちの間で配っている、という趣旨の返信を書いた。

一回だけの使用後に禰宜の間で自ら分配するのを前提にした金拠出の願いは、国家官僚には強い説得力をもたなかっただろう。この慣習の根拠はさておき、タイミングは良くなかった。新政府の財政は依然不安定だったし、請願書が暗示するように、一〇年前の開港に伴い、日本は金の大量流出を経験しており、純度の高い判金は減少していた。請願について東京と西京（京都）の神祇官官僚は意見交換をし、会計官にも相談した。六月に会計官から返事が来たが、出費を懸念して、金を使わず木製を勧めるものだった。「勿論大廟之御儀を軽蔑奉り候訳はこれ無く」と慎重に断りながらも、「御国体に関係致し候程之儀にもこれ無きや」として、問題の重大性そのものに疑義を呈した。そして「名山之櫟《くぬぎ》或は檜樹等を材とし、素樸潔清に御製造」したら事は済むのではないかと提案した。

費用の点で懸念があったが、この御樋代の協議に参加した官僚たち全員、最終決定を躊躇した。八月二〇日になってようやく神祇官から大蔵省に、神宮祭主を務める藤波家に相談したという連絡が届く。御樋代にはどうしても金を使用しないといけないこと、もう時間が迫っているので即刻用意するようにということ、さらにすでに大隈重信に直接相談した、との返事を藤波家から受けた。ちなみに大隈は、明治二年八月一五日まで会計官副知事として、会計官が大蔵省に改称後は大蔵大輔《おおくらたいふ》として、実質的に大蔵省のトップになっていた。その結果、二三日暁に金が護送され、九月の遷宮まであと数日しかない八月二六日に伊勢に到着した。しかし同月二八日に、遷宮終了後は旧御樋代を京都の神祇官に渡すよう指示が出た。さらに一〇月末には、東京の神祇官が京都神祇官より上位になったのか、旧御樋代は東京に送るようにと、京都に指示が送られた［同上］。

金の循環からの離脱へ

明治新政府の下で行われる最初の遷宮が迫るこの忙しい時期に、世古恪太郎から神祇官に遷宮の改良についての請願が届く。儀式の警備問題を指摘し、古神宝の永久保存を訴えた上で、世古は御樋代の扱いをこう憂えた。

黄金之御樋代は遷宮ごとに大判数拾枚を以て新造に相成、古物は禰宜に分配致す仕来りに之れ有候故、樋代金は世間に分散致し刀剣の金具等に相用い候に到り、恐れ多き事に存じ奉り候間、今度最上之純金を以て鋳造仰せ付けられ、万世不易遊ばされたき事。

［③「第七　神宮之儀ニ付度会県意見幷江川収花高矢部主膳元田直世古恪太郎建白」］

神宮の資材が出回ることでその神聖性が汚されること、また循環という慣習をやめて不変という永久性原理を導入すべきだという批判には、世古の執着心が表れている。御樋代について神祇官側の答弁は、問題が大蔵省で現在検討中であり、今回の遷宮には間に合わないかもしれないが、「旧御樋代は此の度御召し上げ仰せ付け置かれ然るべく候」と、遷宮後には禰宜に任せない方がいいという判断を出している。世古の請願が直接この判断を生んだのか、別の理由から神祇官と大蔵省の間で既定のことだったかは不明である。しかし、御樋代金で作られた刀剣の金具に言及した世古の批判は、明らかに禰宜たちの手による神宮外への積極的分配（もしくは慎ましやかながら有益な商売）のことを示唆している。そして神祇官はこの分配に終止符を打った。神祇官から御樋代の金について尋ねられた際、さすがに神宮禰宜は伝統のこの点に触れることはなかった。

新しく製造された容器を用いて一八六九（明治二）年遷宮は無事完了したが、遷宮後には神宮禰宜はその容器の使用権を失った。ただ、これ自体は驚くほどのことではない。天皇崇拝を基礎にして成立した明治政権は神宮儀式の執行に直接介入することにしたからだ。また、深刻な財政問題を抱えて国庫の支出を抑える方法を探っていた政権でもあったのだ。しかしながら、この明治二年遷宮の結末を迎えても、御神体の貴重な容器の取り扱いに関わる物語は、実のところ始まったばかりであった。どのような容器を使い、どう取り替えていくかという長期的問題は次の遷宮まで先送りされたに過ぎなかった。

一八八二(明治一五)年になると、一八八九(明治二二)年遷宮のための予算が組まれた。神宝製造に要する全額六万八四一七円の精密な明細を書き上げた文書とともに、宮内省書記官から当時の内閣書記官長であった井上毅《こわし》宛に御樋代に関する建議が記録されている。この時点で旧御樋代は宮内省に保管されていた。宮内省書記官は今度の遷宮のために新調される予定の黄金の御樋代も遷宮後に宮内省に納められるように依頼した⑤。

ところが一〇月に、以前とは異なる理由で、金ではなく木製にする案が再び浮上する。宮内大臣徳大寺実則《さねのり》は太政官に「古儀に復」して木で作るべきだと主張し、その根拠に一八世紀の『大神宮儀式解』の抜粋を付けた。徳大寺によると、御樋代は本来、木製であった。なぜなら「皇国にて黄金を使用候は三韓御征服之後に之れ有る可」き、つまり記紀神話にある神功天皇の朝鮮征服までは日本に金はなかったからであり、古代の慣習に従って金の使用を止めるべきだというのである。武家が造らせ寄進したのが始まりだと説き、聖なる器をこのように飾り立てたのは「愚者と雖も」神を畏れてのことだろうと述べた。

徳大寺の建議を収録する公文書の一冊には、日付のない「神宮司庁申し立て」が徳大寺の建議のすぐ後に続く。この申し立てを見ると、神宮司庁側は日本人が金を知らなかった神話時代の質素な水準に復帰するよりも、近世の先例に積極的に従いたいという姿勢が窺える。徳大寺が「愚者」の行為と呼んだ武家の寄進についても、足利義政、豊臣秀吉、徳川秀忠も御樋代に判金を寄進したことをそれぞれ金額まで列挙して、金を使用すべき根拠としている。

太政官内でやり取りされた結果、結論は出たが、どちらの請願者にも不満の残るものだっただろう。政府の決断は「内務省伺い神宮式年御造営諸費之事」という文書に記されている[⑤明治一五年一一月二一日]。木製だけにするという徳大寺の提案は長年の慣習を破り過激すぎると拒否された。その一方で、遷宮の度に黄金の御樋代と神宝を新調することはせず、今度に限り純金で高品質のものを作らせ(ついでに幕末に作られた神宝を「甚だ粗悪」と非難しつつ)、以後は永久にそれを再利用すべきだとした。この決断は一〇年以上前に世古が神祇官の三条実美に建言した案と共鳴するが、この時点で世古はすでに亡く、神祇官自体も存在していないので、もし直接の関係があるとすれば、世古の書簡を記憶していた三条が遅ればせながら実行することにしたということ以外にはないだろう。

聖なる物品の目方と感触

このようにして、一八八九(明治二二)年に予定された五六回遷宮の準備は進んでいた。ところが、その日が来る前に神宮御樋代の計画は皇室側近の提案によって再び暗礁に乗り上げる。一八八六(明治一九)年一二月に造神宮使の二品《にほん》朝彦親王より内務大臣山県有朋に、黄金の御樋代と神宝を一通り再度新調するべきだという上奏書が届けられた。事情を判断できなかった山県は上奏書を伊藤博文総理大臣に回して裁可を仰いだ[⑦]。

朝彦親王は政府官僚が知るはずもない遷宮に関するある詳細を上奏書で説明している。すなわち旧正殿から新正殿に鏡を移す際、一宜は檜製の仮の御樋代に一旦移し、新正殿到着後に鏡を取り出し、新しい黄金の御樋代に納めることになっていた。朝彦親王によると、黄金の御樋代は二貫目以上の重量となり(一貫は三・七五キログラム)、御神体と梱包の布類を加えると余りに重く、禰宜が運ぶのに「覚束無きやと懸念少なからず」、従って仮の御樋代を用いる必要があるというのである。また、容器が一つだけだと「御正体に接する御衣御被」を取り替える儀式を古来の形で行えなくなると指摘し、妥協策を提案した。すなわち、一九〇九(明治四二)年に予定されていた次回遷宮までに御樋代と神宝の金具を一式余分に作成して、その後は毎回「代る々々供進」するということだった。伊藤はこれに納得したようだ。それまで想像もしなかった問題のための解決案ではあったが、高貴でなおかつこの件に詳しいはずの人物の提案であったからだ。同時に、金を含む全てを毎回新調するという旧制度の贅沢を避けることもできた。記録は最後に簡潔に「指令按　上奏之通り」と締め括っている[同上]。

一八八九年遷宮は聖なる容器の問題にまつわる評議の公文書を残さずに過ぎていった。おそらく一八六九年遷宮の時と比べて純度の高い金で黄金の御樋代や神宝一式は製造され、旧御樋代は東京に送られたのであろう。これで、もし朝彦親王の提案が受け入れられていたら、もう一式が新調され、一九〇九年遷宮では古儀に従い、旧正殿から新正殿までの数十歩を渡るために、禰宜は御神体を仮の御樋代に入れ、新正殿で新たな「御衣御被」を着せて新しい黄金の御樋代に入れることになり、空になった旧正殿の黄金の御樋代は東京に送られ、次回遷宮を待つことになっただろう。

しかし再びその計画は阻止される。今回は想定外の出来事によるものだった。一八九八年五月二二日の深夜、内宮の参集所から火災が発生したのだ。数時間のうちに正殿の屋根まで火が移った。混沌のさなか、鹿島則文《のりぶみ》大宮司は御神体を容器ごと正殿から急遽運び出し、近くの風日祈宮《かざひのみのみや》まで無事に移動させた。

この危機の結果、御樋代の問題が改めて浮上した。再建された内宮正殿の仮遷宮が終了した後の一九〇一年六月七日、内務大臣内海忠勝は桂太郎総理に、約一五年前に朝彦親王が提案して未実行のままだった方針を取り消すよう勧めたのである［⑥］。内海はその上奏で、火災の時に大宮司が御神体を旧御樋代のまま無事に運べたことを指摘した。朝彦親王の立場を直接否定する表現は避けたものの、かつての懸念は事実無根であることを明確に示した。同時に、財政問題にも実際の儀式執行上の問題にも関わらない、それまでなかった新たな案を提起した。「将来現今の御樋代を以って永世の御料」として「遷宮の都度開閉あらせられず」、すなわち内宮・外宮それぞれは現状の御樋代一つのままにしてそれを永久に開けないようにするべきだと主張したのである。その理由は「神官をして御正体に接する御衣御被等の御取り換えを為さしむるは恐懼《きょうく》に堪えざる」ということであった［同上］。これは遷宮儀礼の伝統からみてかなり大胆な変革を意味した。こうすることで御樋代の金の分配も御樋代の交替もなくなるばかりか、御神体をその器から取り外すこともなくなる。さらに盗賊や天災ばかりではなく神職自身が御神体の脅威となりうることも匂わせている。

この案は一九〇一年六月七日に天皇に上奏され、「是の日是れを聴したまう」と受け入れられたことが『明治天皇紀』に記録されている。さらに、内務大臣の言葉か天皇の言葉かは不明ながら、「古制と雖も寧ろ廃するに如かず」とも加えられている［59七七頁］。しかし、ここで問題にはされなかったが、御樋代にまつわる古制の一部は守られた。仮御樋代になる樹木を伐る木本祭《このもとさい》やその御木曳《おきひ》きなどは継続したからだ。これらの祭祀は何世紀も続けられてきたこともさることながら、多くの一般国民が関わってきた点に重要性があったのだろう。こうして遷宮ごとに作られる木製の御樋代は一九〇一年以降、金の御樋代をそのまま収納する外側の殻の役割を果たすことになり、遷宮に際して御神体の周りに容れ物が一つ増えた。

神秘の創出

天皇のこの時の意向通りに取り運ばれてきたとすれば、一九〇一年以降、黄金の御樋代の内部を誰も覗いていないことになる。とすれば、内宮・外宮いずれかの御神体を見たことがある人がすべて世を去ってからすでに半世紀ほどを経たことになる。黄金の御樋代に何が入っているかは結局わからないままだが、遺骨が戻らない戦死者に代わって遺族に届いた「御霊」と書かれた木の札などよりは内実のあるものだろう。しかしながら、一八九八年五月二二日深夜の混沌の中で、あるいは神宮の長い歴史で何度となく起きた火災、水害、戦災などでやむなく行われた以前の仮遷宮の折に、実際のところ何が起きたかなど確実に知る術はない。万が一御神体の鏡が失われることが起きていたとしたら、鏡を秘かに新調して済ませた過去があったとしても不思議ではない。だが、近代は真正性《オーセンティシティ》の時代であり、そうはいかない。一九〇一年に器に納められたものは今もそのまま封じ込まれているだろう。御神体についてはこのように実体がわからないが、御樋代でさえその製造者と神宮神職以外人目に触れない物となっており、絵図も希である。ここに明治時代の遷宮改革の中で描かれた二つの例を掲載する(図**4-1**、**4-2**)。

黄金の桶の件が最初に取り上げられた一八六九年から、決着がついた一九〇一年まで丸一世代の時

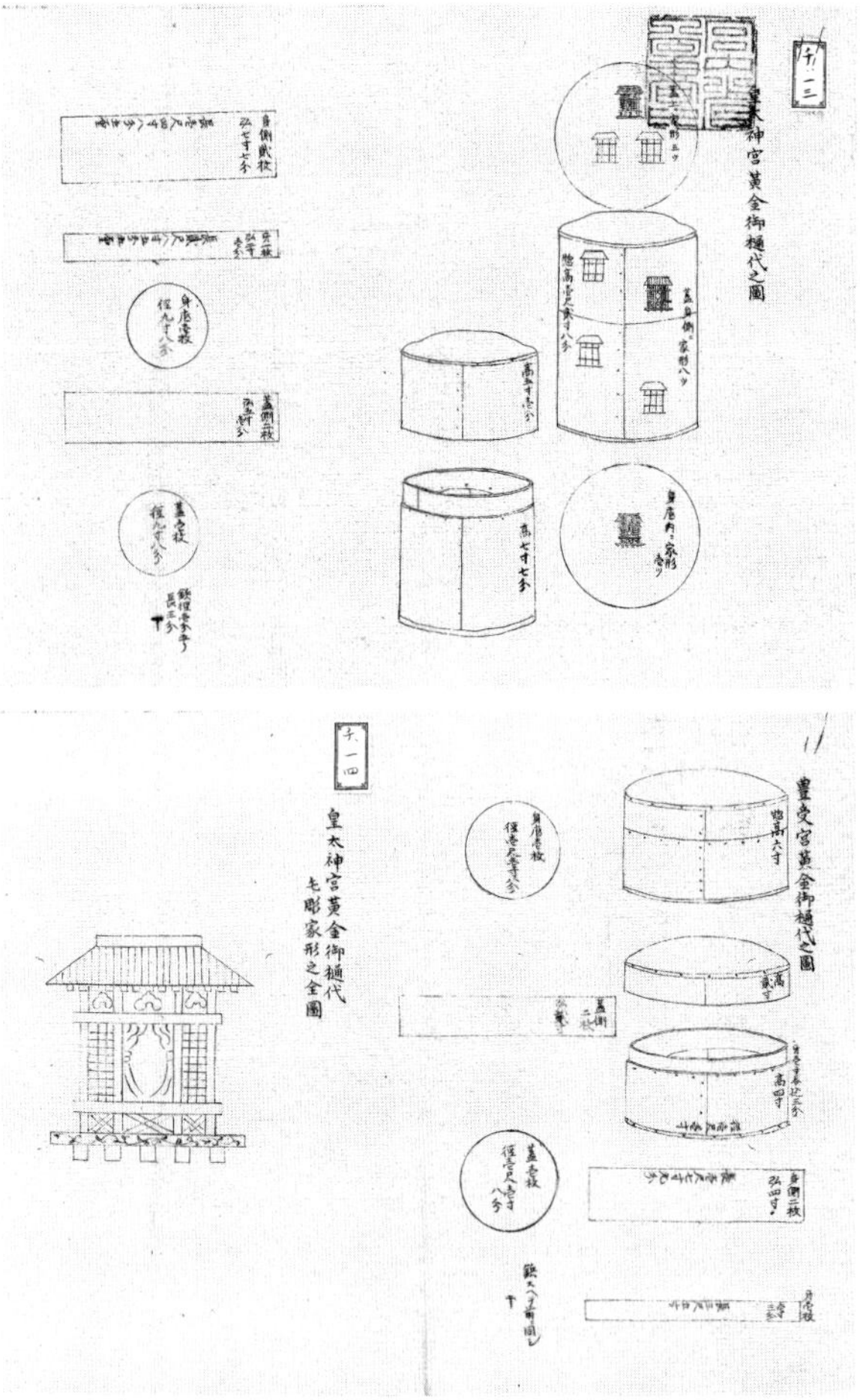

図 4-1 「黄金御樋代之図」(宮内庁書陵部所蔵). おそらく幕末～明治初年頃の神宝調査に際して描かれたと思われる. 内宮の御樋代(上)は高さ一尺二寸八分, 底径九寸八分, 外宮の御樋代(下)は高さ六寸, 底径一尺一寸八分とあり, 寸法は朱墨で記されている. 内宮の樋と蓋に家形が刻まれている.

が経過した。伝承された慣習の正統性に対して古代神話の正統性、純金の純正に対して木の純正、また器一つか器二つか、器をいつ取り替えるか、どこに保管するかなどについて、せめぎ合う理念の間で解決をつけるのに、政府官僚はこれだけの時間を要した。その到達点は「新たな桶はなし」であった。これ以後は遷宮から遷宮へと鏡（であろうもの）は同じ封じられた御樋代を住処とする。この決断に辿り着いた時、禁忌の対象の境界線は書き換えられ、御神体は包みの布と容器ごと「永世現存」の状態にあり続けることになった。この選択は明治後期の時点で政府官僚と天皇の側近にはごく自然に受け入れられたことだろう。維新以来、神宮をめぐって築かれてきた神秘性と俗世界からの距離の感覚にふさわしく、それはちょうど天皇をめぐる距離感覚と同様のものだったからだ。その衣と器を含む御神体の周囲に存在するあらゆる物質の破壊と再分配は、遷宮の単なる副産物ではなく、遷宮の本

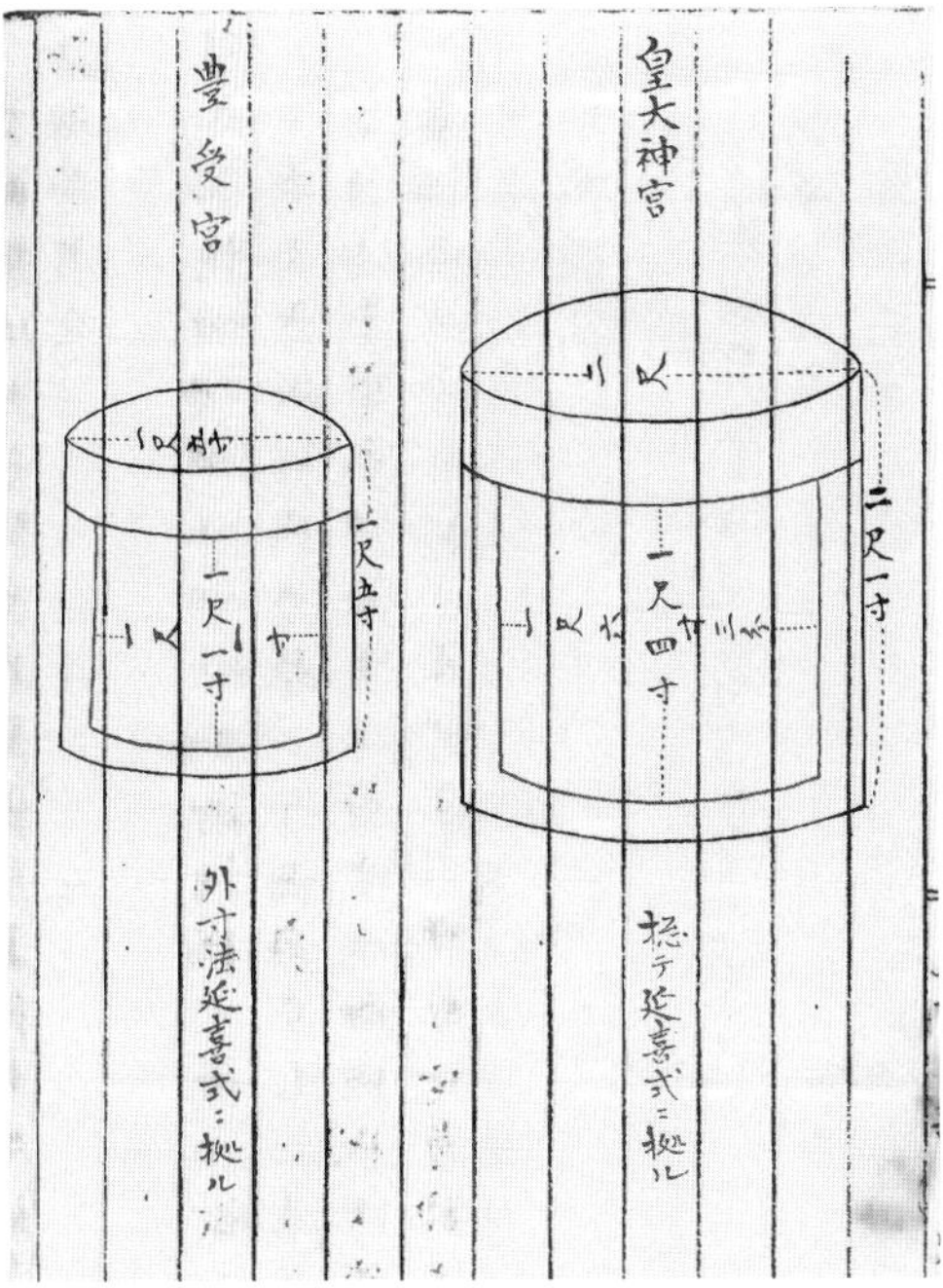

図 4-2　第五六回遷宮前の神祇官記録にある両宮御樋代のスケッチ．寸法は『延喜式』によるとある．「木製の模様を想像して試みに作れるなり」とも記されており現物を写したものではない．「黄金御樋代之図」(**図 4-1**)の寸法より大きいが，豊受宮の内径は前図が記す底径に満たず，この黄金の御樋代を納めるようには出来ていないとわかる．『延喜式』の時代にはまだ黄金の御樋代がなかったことを示唆している．

質の一部であった点は、長年神宮神職には当然視されていた前提だったが、この段階ではもはや誰もそれを覚えてはいなかったのである。

これから何世代も時が過ぎ去るにつれ、神秘は一層増すだろう。古代日本列島の権力者の古墳に葬られた鏡がかつてその持ち主にとっていかなる意味を持っていたかは結局忘れられてしまったように、時が経てば御樋代の中に何が入っているのかも忘れられるのかもしれない。しかしその崇拝の継続には、何が入っていても実は構わないのだ。

見えない宝の磁力

見えない宝は見える宝より魅力的である。これは神宮に限ったことではない。日本以外にさらに新しい事例もある。フィリピンには、日本の敗戦前に山下奉文《ともゆき》大将がフィリピン諸島に大量の金を埋蔵したと信じている人がたくさんいる。この「山下財宝」伝説によると、金は秩父宮雍仁《やすひと》親王の監督の下、暗号名「金の百合」という作戦によってアジア中から略奪されたものだという。この黄金の物語は黄金の御樋代の物語とは異なりながら、日本の皇室にまつわる神秘という一点で共通している。戦時中の数年間、日本帝国は「共栄」の名の下でフィリピンを自国の策略に巻き込んだが、その地に繁栄をもたらすよりは略奪した。この経験から、フィリピン人は自分たちの目から隠された金がどこかに潜んでいるという想像を容易に膨らますことができた。現在に至るまで「山下財宝」あるいは日本の皇族の陰謀で埋蔵されたと確認できる金は、まだ何も見つかっていない。そして、そのことが伝説の魅力を増すのである。聖なるものに近づきたいと切望する信心深い崇拝者のように、人々は見えない金を求め続ける。日本の金を探すための難解なヒントを集めたガイド本も出版されているし、フィリピン政府は宝探しの免許まで発行している。

仮に「山下財宝」の一部が見つかったとしよう。あるいはさらに、日本がその金を略奪したことを認めたとする。となると、このミステリーの輪郭は明確になり、伝説はおそらく興味を持たれなくなるだろう。現状では誰も見たことがないので、見つかると主張してもなんら支障はない。真実だと信じる人にとって、この神話の力の源泉は自分以外の人も山中のどこかに貴重なものが隠されていると信じていることによる。神宮の黄金の御樋代とその中身の神秘についても似たようなことが言えないだろうか。

第五章　お祭り騒ぎとまつりごと

民衆のポトラッチ

尊さに皆おしあひぬ御遷宮　　芭蕉

江戸時代は、それ以前と以後のどの時代と比べても、伊勢神宮が民衆のものだった時代であった。近世のお伊勢参りの人気は有名で、娯楽、土産の買い物、そして男性のためには内宮・外宮の中間にあった古市の遊郭を訪ねる「セックス・ツーリズム」を含む、近代的余暇旅行に似たものになっていたことも知られている。「伊勢参宮太神宮へちょっと寄り」と川柳にもあるように、参拝は二の次というイメージすらあった〔斎藤、二〇一六、一五〇頁〕。しかし、これを聖域の俗化とみなすよりは、伊勢神宮の神聖性が列島の広い範囲に及び、日常と相互的に浸透していたと考えるべきだろう。一般の神社の祭礼も宗教行事であると同時にお祭り騒ぎの機会でもあるように、お伊勢参りも大衆化や商品化はされるが、そのことで参宮が宗教的でなくなった訳ではない。

江戸時代のお伊勢参りの記録を見ると、近代の観光旅行と異なる二つの点が目を引く。一つは、参宮の行程全体が一般民衆をも含む「余剰」の表出、つまり広義のポトラッチであったことで、これは約六〇年ごとに流行った「おかげまいり」には特に顕著であった。もう一つは参拝者の神宮に対する態度にある。参拝者は具体的に触知可能な神の証しを求め、遠くから眺めたり祈ったりするだけでは満足しなかったのである。こうした特徴は世界中で宗教の巡礼に広く見られるものである。また、おかげまいりに限らず、江戸時代の遷宮においても民衆のポトラッチと神との直接的遭遇への願望は見られる。

毎年数十万人、おかげまいりの年には数百万もの人を引き寄せるお伊勢参りは膨大な富と品物の再分配を伴った。そこには重層的構造が働いている。宇治・山田の町人であり、神宮の神職で参宮者の宿の主人でもあった「御師」は、ポトラッチ全体の潤滑剤の役割を果たしていた。一八世紀後半には、山田の外宮には四七九人、宇治の内宮には二七〇人の御師がいた。御師とその手代は、北は松前まで日本全域を歩き、それぞれ抱えていた檀那にお札、暦、その他の贈答品を配った。推計では全世帯の八、九割にお札が配られたという[Teeuwen / Breen, 2017, p. 152]。各地の伊勢講も参拝者を送り出し、参拝者は御師の宿で宿泊、宴会などにお金を費やし、神宮のお供えとして金銭を御師に渡した（私幣の禁止は名目上残存していたので御師は仲介者の役割を果たした）。両宮の御師は檀那には一段と豪奢に振る舞い、また互いに絶えず競うように神札を渡した。お札が広まるごとに御師の利益に繋るのである。おかげまいりで起きたように、天よりお札が降ってきた場合もそうであった。

さらに有力商人はその財力を誇示し神徳も授かろうと、道中の参拝者に衣服や履物、食料に現金ま

図 5-1　『伊勢参宮名所図会』(1797 年).　内宮宇治橋の下で網を持って待ち構える人々に参拝者がお賽銭を投げる.

で与えるなど膨大なお布施を配った。そのお布施の額が地元や商売敵にも伝わるよう帳簿に記録された。大坂の豪商鴻池善右衛門は一七七一(明和八)年、六日間で一八万四〇〇〇人に総額四六〇両もの施行《せぎょう》をしたとの記録がある[新城、一九六〇、一五五頁]。こうした大勢の旅人の影響で基本的商品価格のインフレが触発されたので、商機を期待する商人も多かった。施行を受けられるのは確かなので、お伊勢参りに出かけた庶民はお布施に頼って無一文でも旅ができた。また、この行乞《ぎょうこつ》の身分を表すために柄杓《ひしゃく》を携えていたが、両宮の前に大量の柄杓が捨てられたのは、この奔放なポトラッチの精神を表す庶民的表現であろう。また、この庶民のポトラッチで勢いに乗じて参拝者が投げる金銭を目当てに、子供や乞食が宇治橋の下を流れる川に集まった(図**5-1**)。

図 5-2　「両宮参詣曼荼羅」(16 世紀末，部分．神宮徴古館所蔵)．遷宮復興の頃に描かれた絵画で，両宮周辺の様々な場面が盛り込まれている．ここでは「天岩戸」に仕立てた古墳跡で「岩戸隠れの伝説」が演じられている．

かつてのお伊勢参り

伊勢に到着すると、参拝者は外宮に四〇社、内宮に八〇社あった末社を巡ったが、お供えの場が余りに多いので、現在の遊園地のように、専用の代用貨幣を購い、それを供えた。社ごとに特定のご利益を約束する祭神が祀られていた［西垣、一九八三、一八一〜一八二頁］。

外宮の背後の岩戸坂を登り、天照大神が隠れた岩戸に見立てた「天岩戸」（図**5-2**）と呼ばれた宮にも参拝した。この岩戸は実は現在、高倉山古墳と呼ばれる古墳の石室、つまり人工物なのだが、当時は神の造ったものと思われていた。山田の神職が守り、石室の最奥で灯火を灯し、託宣(占い)もしていた。『伊勢参宮名所図会』など江戸時代の案内書には「天岩戸」の真正性を疑う記述もあったが、ここに供えられた賽銭は両宮の賽銭額に匹敵するほど、伊勢参拝の中心的存在になっていた。一方、神宮禰宜からは穢れの地とする謂われもあったという。ただ神宮境内とは違い、天岩戸では奥まで入ることができた。聖なるものへの接触を願う参拝者には、この経験が得られるからこそ人気だったのであろう[Teeuwen / Breen, 2017, pp. 108-109・㊻二五九〜二六〇頁]。

神宮境内まで来ると、参拝者は正殿前の玉串御門の外で地面に跪き、待ち受ける御師にお供えを託した[西垣、一九八三、一六八〜一七〇頁]。これを済ますと、御神体が安置されていない方の古殿地《こでんち》に自由に入ることができた。ここには明治以降とは異なり、古い正殿と宝殿はそのまま残っていた。古殿の柱から木片をそぎ取る者、お白石を拾って袖に入れる人がいたかもしれない。聖遺品への欲求は聖なるものへの接近や接触の願望と同じで、広く普遍的なのである。一八七二(明治五)年、神宮を訪れた最初の外国人の一人アーネスト・サトウは内宮外宮両方で「紙に包まれた、旧殿舎から出た木片を買った」と記している[Satow, 2015, p. 52]。この風習はその後も表札や箸などを参拝者に売る形で続いた。

熱狂の夜

さて、遷宮自体の状況を見てみよう。遷宮の儀式の時には聖なるもの(御神体)が最も身近にあり、近づきたい願望も強いはずだ。今日描写される遷宮の様子は、クライマックスの「遷御」の夜、数千人の参拝者が静粛に恭しく見守る中で行われる厳かで神秘的な行事というイメージである。二〇一三年一〇月二日夜の内宮の状況を読売新聞記者はこう伝えている。

正殿《しょうでん》近くでたかれていた庭火や、参道を照らしていた提灯《ちょうちん》の火が一斉に消され、厳かに始まった。内宮の神域は、清らかでけがれのない「浄闇《じょうあん》」と表現される暗闇と静寂に包まれた。

［「二〇年に一度　浄闇の夜　式年遷宮　三〇〇〇人が見守る」『読売新聞』二〇一三年一〇月三日］

同じ内宮遷御について、朝日新聞（名古屋版）の記事は音の風景として描いている。

静寂のなか、神職らの浅沓《あさぐつ》が玉砂利をきしませる音が響き、雅楽の調べが参道をはうように流れた。

［「悠久の杜　神話の夜」『朝日新聞』名古屋版、二〇一三年一〇月三日］

民主主義国家の今日も、神宮と国家との特殊な関係そのままに、遷御の夜の参拝客は厳選されているが、皇室関係者のみならず政治家もそこに加わっている。浜口雄幸は首相として初めて遷宮に参加した（一九二九年）。戦後の首相でこの行事に初めて参加したのは安倍晋三（二〇一三年）である。

明治維新以前の遷宮風景は現在とは大きく異なっていた。お伊勢参りを詳細に綴った一九世紀前期の見聞録『浮世の有さま』によれば、一八二九（文政一二）年遷宮には約百万人が訪れ、われ先にと押しつ押されつつ群集する参拝者は柵を破り、けが人も出たという。民衆はその圧倒的人数によって遷御の儀をいわば「わが物」にしてしまったといえる。この大群衆は、御神体が渡る行列が自分たちから離れた道を辿ることに満足できず、結果として本来なら国家の祭事であるはずの儀式は、民衆のお祭り騒ぎに覆われてしまいそうになった。

参拝者過剰の問題を明治の新政府に注目させたのは世古恪太郎であった。明治二年八月、第三章で紹介した神祇官への建言の中で、世古は前回の遷宮の状況を次の差し迫った表現で描写して、遷宮に際しては神宮警備を強化するよう求めている。

当夜参拝の雑人数千万人群集致し候に付き宮中に竹柵を結い是を防ぎ候え共多勢の力を以て終に所々を押破り一時に内院に乱入致し候故、奉遷使を始め禰宜内人襷を掛け沓を脱ぎ漸くにして参進に相成候事に御坐候。渡御の節は松明を撤し候故、暗黒に乗じ狼藉倍甚だしく、御体之御仮櫃古殿より御出で纔《わずか》数十歩にして、雑人共に行障絹垣筵道を掠奪せられ、残る所の串を以て雑人を打ち払い散々之体にて、新殿に渡御在らせられ候事に御坐候。渡御在らせられ候後に猶雑人高欄の玉を掠めんとて大床《だいしょう》に昇るを杖にて払い落し候など言語に絶し候次第に御坐候。既に嘉永の時は御剣を奪んとせし者あり、又奉戴之禰宜御仮櫃を落さんとするに至り、又雑人新殿御階を昇り殿内に入んとせしを禰宜大床にて組止め共に階下に落候事も御坐候。其他禰宜内人の装束を破り警衛之士腰刀を奪い候等其乱暴あげて数えがたく候。

〔③「第七　神宮之儀ニ付度会県意見幷江川収花高矢部主膳元田直世古恪太郎建白」〕

松明を消した暗闇で混乱が起きていたから、世古は警備の強化に加えて、儀式の開始をまだ暗くなっていない時間に早めるよう提案した。

この世古の描写はいささか大袈裟に思われるかもしれないが、以下に示すように、以前の遷宮において世古より近い立場にいた目撃者の記述にも一致する。遷御の儀式に参拝者が侵入し狼藉を働く者まで出たのは、一八四九(嘉永二)年の遷宮に限ったことではなく、江戸時代を通じて遷宮の常態であったようだ。世古はこれを聖地の明らかな冒瀆とみなした。しかし、宗教人類学的に考えるなら、これは信仰に対する侮辱というより、信仰の過剰から来る神がかり的熱狂と見る方がふさわしいのではないか。神社の祭祀には参拝者の熱狂が引き起こすこうした無秩序は付き物だった。現在のわれわれは、伊勢の式年遷宮がかつてはこのような混沌状態で行われたことに驚くが、それは世古の建言以降の年月を経て、神宮と参拝者の行動があまりに劇的な変化を経たからである。遷宮での無秩序の記録は隠されてはいないが、しかし神宮を守る側としては忘れたい過去に属するのは当然だろう。

参拝者の不満、神職の諦め

一八六九(明治二)年に世古が憤りつつ描写した状況は、菊屋(荒木田)末偶《すえとも》という人物がすでにその八〇年前に、世古とは異なる語調で記録している。菊屋の著書『寛政遷宮物語』[㉗]は数ある遷宮記のなかでもその通俗的な文体で珍しいものである。著者は権禰宜、御師であり、国学者でもあった。一七三六(元文元)年に内宮の参道沿いにある家で生まれ、一七八九(寛政元)年第五一回遷宮を記述した時まで三回の遷宮を見たと思われる。『寛政遷宮物語』は本居宣長の序を受け、三巻で出版された。一七八二(天明二)年の材木の伐り出しを始める山口祭から、遷宮の全過程を記している。第三巻で寛政元年九月(一七八九年)の遷御の儀の光景を読者に紹介している。

近年は遷御の日時を知らせる高札を全国に立てる慣習になっているので参拝者はたくさん集まる、と菊屋は記す。警備に当たる「もののふども」は制御しようと努めたが、「さのみあらあらしくいましむべきならず」、押し込もうとする大群衆を前にしては制御しようにも限界があった。行列の参加者には入場符が事前に渡され、それ以外の人が参入しないよう新旧両側の玉串御門の間に竹矢来が組まれた。しかし、儀式が始まると、参拝の群衆は「いかでたしかにおろがみ(拝み)奉らんとあらそい立ちさわぎ」、やがて矢来を乗り越える人も出た。警備の武士は木の楚《しもと》(笞に同じ)を使って追い返そうとしたが、御神体と神宝が通る道にどうにかして近づきたい参拝者は前へとなだれ込む。

国々に高札たてつるゆえにこそ、はるばると海山越えてまい来つれ、さるにお庭だにやすくはふませず、かくおどろおどろしきやらいをものして、おくのいんにはとおし給わぬこそ、いといとうらめしけれ。[㉗五八五頁]

高札が立てられていたからこそ遠くからきたのにこんな矢来まで立てて奥の院まで通さないのはどんなに恨めしいか、などと嘆く人の声も聞こえたという。ついに誰かが警備の目を盗んで矢来の縄を小刀で切った。正殿の階段を駆け上る人もいた。騒ぎのなかで神職は袖を引きちぎられたり冠を飛ばされた《り》した。お守りにしようと、参拝者は絹垣《きぬがき》と行障《こうしょう》（御神体を隠す帳）を引き裂いてしまい、それも取り尽くしたらさらに細く裂いて周りの人とその小裂を分け合ったという。

近辺諸藩から遷宮の警備に派遣された武士は当然帯刀していた。それなのになぜこのような妨害を許したのか。菊屋はこの疑問には直接答えていないが、血が流れて遷宮の最中に境内を穢すのを懸念していたらしいことは、矢来の縄を切る参拝者について「おもわずあたりの人にきずなどつけてあせ（血）をしもあやまちけがさんは、いとたいだいしき事」［同上］になると書いていることからわかる。警備に当たった武士もそれを意識していたに違いない。楚と怒鳴り声で群衆の乱入を防ごうとしたが、到底無理だったようだ。

神宮神職にとっては大変な苦労だったに違いないが、慣れてもいた。「遷御の夜はいつもかくぞと心得て」細心の心配りをしていると菊屋は記している。彼ら神職たちの忍耐を褒めながら、儀式を本来の形で妨げなく執行できればいいのだが（「うるわしくおこない奉らまほしきわざぞかし」）と憂えている。それでも、褒められた職掌人も菊屋も、大群衆と無秩序は遷御の儀には不可避のことだと明確に認識していた。

こういう状況だから、遷御の混沌状態は異例でも秘密でもなかっただろう。『寛政遷宮物語』は物議なく出版されたし、本居宣長の序文はこの群衆の描写に触れておらず、状況は知りながら特にコメントする必要を感じなかっただろう。後の神宮研究者は『寛政遷宮物語』を啓蒙書と呼んでいる。冒瀆行為とみなした世古の憤りとは対照的に、菊屋は取り憑かれた民衆に同情を寄せているようにも見える。菊屋は国中に高札で告示された事実に三回も言及している。民衆は参拝するよう奨励されてい

図 5-3　歌川国芳画「伊勢大神宮遷御之図」(1849 年，ボストン美術館所蔵)．この錦絵も江戸時代の他の遷御図と同じく群衆不在の整然とした行列を描いており，一種のフィクションである．

るからこそ、聖なる神宝《かんだから》に近寄ろうとなんでもするものであり、認めざるを得ないと考えていたのだろう。

こうした無秩序にもかかわらず、神官はその中心的務めであった御神体の渡御を無事に終えた。以前の遷御と変わることなく、参拝する群衆は聖なるものを見、それに近寄り、触れ、そしてできればお守りとしてそれに近いものの断片をわが物にするためにこそ参宮しており、儀式を頓挫させるとか聖域を冒瀆するために来たのではなかった。このことを菊屋は認めているのである。

菊屋の率直な記録を他の遷宮記録と併せて読むと、正式な神宮遷宮記のほとんどはフィクションであることが明らかになる。嘘だという意味ではない。儀式内容の記述は正確に違いない。ただ、儀式が行われた環境を書き落としているのである。神宮遷宮記は儀式が執り行われた事実を伝え、後代に行う神官に参照用の雛形を提供する目的で、本来あるべき形式に構築された儀式を描写するものであり、遷宮を支えるために存続してきた伝承の一部なのである。

遷宮を描いた絵画資料も似た状況である。整然と歩みを進める神官が描かれ、画中では冠も装束も絹垣もなんら別状なく、遷宮記のフィクションを協働して支えている。遷宮を描いた絵巻物四点の図版は神宮式年造営庁刊の『神宮遷宮記　第七巻　図録篇』(34)に収録されている。このうち二点は菊屋が記録した一七八九(天明九)年遷宮の描写であるが、描かれた年代がわかるのは一点だけで、残り二点は後年の遷宮の様子を明治になってから描いたものである。この四つの絵巻はいずれも参拝者群衆を一切描いていない。また寛政年間成立の絵巻でも帯刀の武士は正殿の門内には見えるが、行列の道沿いには描かれておらず、無秩序の気配はどこにもない。幕藩体制下の様々な事柄もそうであったが、遷御の儀という行事においても建前と現実の間には乖離があった(**図5-3**)。

「お伊勢様」から国家の祭事へ

参拝者の参加を制限し、大衆のポトラッチを抑え込むプロセスは、明治二年八月の世古の建言の頃から開始される。同月に京都の神祇官、兵部省、度会県、さらに津、鳥羽、久居という近辺の藩、そして神宮禰宜と藤波祭主の間で、翌月に控える遷宮での参拝者による妨害を防ぐ警衛について、連絡が度々交わされたことが旧度会県資料からわかる。そこには両宮禰宜から津藩宛に、警衛をさらに厳重にしてほしいという請願書があり、ここでも世古同様、絹垣を破ったり正殿の高欄の玉を掠奪する

「狼藉」が記されている。八月のこのやりとりの結果、内院のさらに広範囲を囲う矢来が作られ、警衛人員も増やされた。そして九月五日には度会県より東京の太政官に「滞りなく」遷宮が行われたと報告された[61]。

しかし、この第五五回の遷宮は警備方針改正の必要はなかったかもしれない。というのは、どうやら歴史記録上で最も静かな遷宮だったからだ。ペリー来航以来、孝明天皇は何度も攘夷の祈禱を伊勢神宮に命じたが[藤田、二〇一三、一五九、一六三、二〇〇頁]、攘夷は実現しなかった。そして一八六七(慶応三)年、神宮のお札が空から降り、西日本から東海道沿いを中心に「ええじゃないか踊り」が盛んに繰り広げられ、宇治・山田でも踊られた。しかし、明治元年二月になると突然民衆はその踊りを止め、神宮周辺の道も静かになった[西垣、一九八三、二〇七頁]。新時代がどんな「世直し」をもたらすか、民衆が息をひそめて待ちうけるかのようでもあった。政治的大変革に伴う出来事や文明開化の動きに気をとられたのか、維新後の民衆はしばらく神宮を忘れたように見える。

神宮文庫に保管されている一八六九(明治二)年遷宮の簡潔な報告『明治二年内宮正遷宮諸祭心覚大概』[59]は、この静寂をこう感嘆している。「宮中警固人数斗に而参詣人一人も相見えず、殊に宮中静謐にて本式遂行奉る如く、行事近世之れ無き儀と存奉り候」。矢来を増やし、警備をより厳重にした効果もあっただろうが、以前の遷宮では矢来と警備だけでは熱狂する参拝者の洪水を食い止められなかったのだから、警備の強化だけが原因ではなかったはずだ。いずれにせよ第五五回遷宮は滞りなく遂行され、神宮と新政府が群衆問題に再び立ち向かうまでに二〇年の猶予期間が与えられた。

一八八九(明治二二)年に行われた第五六回遷宮になると、秩序維持の新体制は整っており、近代国

図 5-4 「皇大神宮遷御式之図」(『伊勢新聞』明治 22 年 10 月 9 日付録, 国立国会図書館所蔵). 道沿いに銃剣の儀仗兵が行列を守る.

家の軍隊は大役を果たした。一〇月四日の『伊勢新聞』は内宮遷宮の様子を報道している。それによると、行列の進む道沿いに整列した儀仗兵が行列の通過時に捧《ささ》げ銃《つつ》をし、境外に群集していた参拝者は正殿の扉が開く音で一斉に静かになったとある。記事によると儀式は「終始何らの障りなく」執り行われたと締め括っている〔「皇大神宮遷御式の御模様」『伊勢新聞』明治二二年一〇月四日。**図 5-4**〕。

この記事に続き、東京からの電報で今回の遷御の時刻が「俄然御引揚」により二時間早く始まったことを伝える記事があり、東京の皇居での遥拝の時刻に合わせるためだとの説明も加えている。確認は不可能だが、一八六九(明治二)年の世古の建言に、行事の警衛のために開始時刻を早める提案があったことを想起すると、遥拝以外の理由も考えられる。しかも、開始時間の突然の引き上げは当日の発表であり、御神体が遷る肝心な瞬間に居合わせた参拝者は、結果的に数が大幅に減少した可能性がある。

さらに三日後の『伊勢新聞』には外宮遷宮の様子も描写されている（「豊受大神宮遷御式の御模様」『伊勢新聞』明治二二年一〇月七日）。外宮は平坦な地に建つため内宮より行事はよく見える。柵の外に席が設けられ、最前列は神苑会の席に割り振られていた。古い正殿の扉を開く音が山に響き、雅楽が内院より流れるとともに外で儀仗兵がラッパを吹いた。行列が通る時に群衆が近くから見ようとして押し合ったが、巡査に制された。「歓呼と粛拝と拍子の音響は宛《さな》がら譬《たと》うるに者無し」という騒々しい状況であったが、参拝者は行儀よく行列との距離を保った。

この第五六回正遷宮においては、軍隊や警察の新体制と武器は群衆による妨害を防ぐ効果があったに違いなく、また開始時刻の変更も奏功したかもしれない。しかし、今回も警備だけではこれを説明しきれない。むしろ、五五回遷宮以降の二〇年間で大衆自身も変わったことが大きかったのではないか。小学校の普通教育と徴兵制によって国民としての新しい自己を修練する意識を植え付けられ、皇室と神宮との新しい関係も教え込まれている。伊勢神宮、特に内宮への礼拝は今や生きた国家元首への礼拝に直結していた。天皇中心の「家族国家」を国民の道徳教育の基礎に据える制度の正式表明は教育勅語を待たなければならないが、一八七〇年代以来小学校の歴史教科書は皇祖神から歴代天皇に至る神話で始まっていた。一八七二（明治五）年から一八八五（明治一八）年までの間の明治天皇の全国巡幸で、人々は天皇の臣民として現人神の前でどうふるまうべきかを学んだ。学校、軍隊、その他の様々な場面での無数の細かな所作を通じて、天照大神と万世一系の天皇に対する崇拝は個人の身体的教練へと繋げられたのである〔フジタニ、一九九四を参照〕。

他の皇室関係の地でも同様に国民の教練の過程を見ることができる。高木博志によると、一八八〇年代前半までの神武陵と京都御苑では、政府公認の祭礼も含め地域の神社と同じように一般市民が参拝していた。しかし、八〇年代後半以降は群衆整理のため柵と番所が設けられ、より厳しく統制された空間になっていく。同時期にどちらも「御料地」として宮内省管轄となった〔高木、二〇〇六、一九〜二一、一三〇頁〕。

変容する社会と人々の意識

第五六回遷宮を迎えた一八八九年二月、天皇の臣民は憲法発布によって立憲君主国家の国民にもなった。しかし、この歴史的転換点を平穏に通過したわけではない。二月一一日の朝、憲法発布の式典に向かおうとしていた文部大臣森有礼は国粋主義者西野文太郎に襲撃され、翌日に亡くなった。一年半ほど前に、伊勢外宮参拝の折に森が拝殿にかかった「神簾」をステッキで引き上げたという話を西野は新聞で読んでいた。西野にとってこれは許すことのできない不敬であった。西野は襲撃後その場ですぐ殺されたが、自身の行為を正当化するために書いた趣意書を残していた。その冒頭で、天皇家の皇祖神を祀ることを強調する明治時代の新語「大廟」という表現で神宮を指している。「伊勢大廟は万世一系天壌と窮《きわま》り無き我皇室の本原たる天祖神霊の鎮座し玉う所にして」と始まり、天皇と大日本帝国に対する森の侮辱の重大性を饒舌なほど主張している〔坂井、一九三五、一八一〜一八四頁〕。新聞はこの趣意書の全文と併せて、西野の生い立ちや思想について多数の記事も掲載した。読者の中に

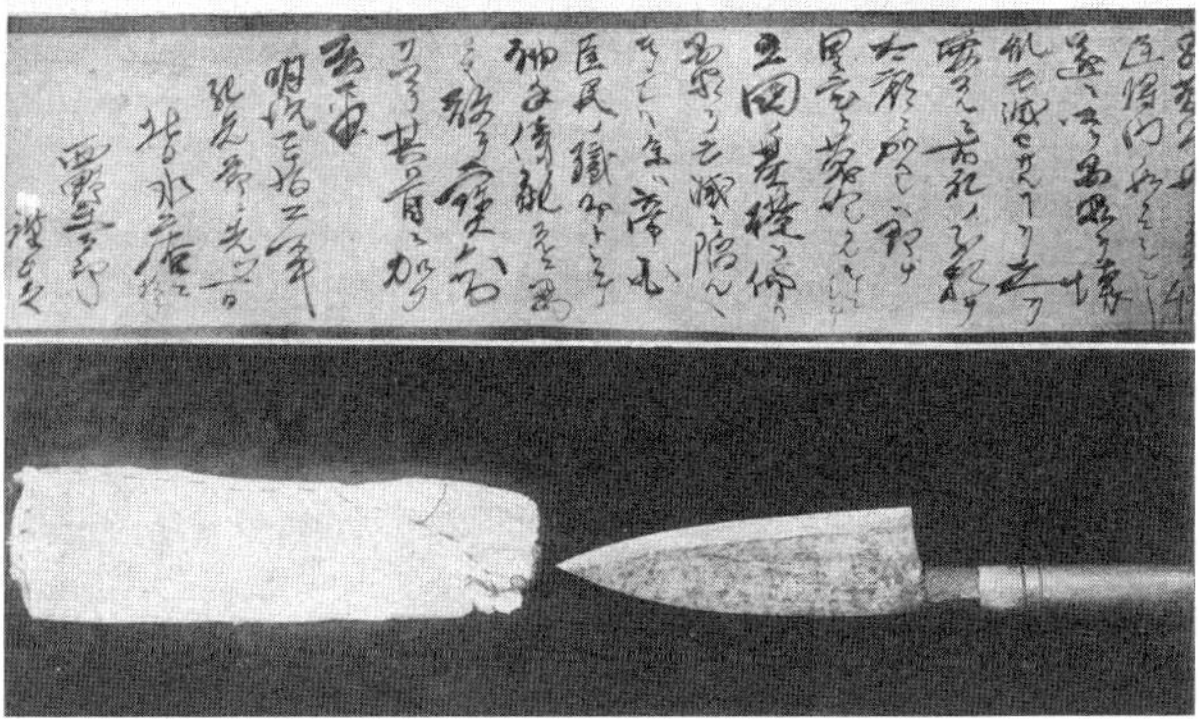

図 5-5　「西野文太郎斬姦《ママ》状と霊刃」絵葉書(鴻城新聞社発行，山口県文書館所蔵)．年代不詳だが，日本における私製はがきは森有礼暗殺事件から 10 年以上後の明治 33(1900)年に始まる．西野の故郷山口県では新聞社が事件の生々しい痕跡を絵葉書にして販売していた．

は天皇への忠誠を大胆に表明した西野の行動をもてはやす人も多かった(**図 5-5**)。

　この暗殺事件の時点で、四〇年前の第五四回遷宮を覚えている年齢の人もいたはずだ。それどころか、森の不敬と西野の報復を知った人々の中には一八四九(嘉永二)年九月に神宮に参拝して遷御を拝観、あるいは拝観しようと押しかけた人もいたのではないだろうか。参拝者の群衆が拝殿の中まで押し入り、遷御行列の禰宜と揉みあったり、絹垣を散り散りに引き裂いたり、正殿の金物を剝がそうとした当時の光景を振り返って、時代の変化に感嘆したことだろう。神宮と遷宮のしきたりはこの間に大変革を遂げ、以前の様子はまるでなかったかのようにされていたので、西野も森もかつての遷宮の出来事を知らなかったかもしれない。

　しかし、明治以前の遷御の夜を記憶していた人にしてみれば、忠君を誇示する西野の殺人行為は、神宮の伝統への忠誠ではなく、森の西洋的生活様式が新しかったように、新しい帝国日本への忠誠からきたものということを理解したに違いない。

国民の変化は神宮や天皇に対する意識の変化だけに限らない。明治憲法が施行された翌一八九〇年は、五〇〇万人ほどの日本人が列島中の町や村から伊勢参りに出かけた一八三〇年の大規模なおかげまいりからちょうど六〇年後になるおかげ年でもあった。そしてこの一八九〇年にも熱心な伊勢信者はおかげまいりを試みたが、彼らに施行する人はいなかった。そのため多くの人は神宮に到達しないまま引き返さなければならなかったという。無一文で這々の体で帰村した参拝者のことが新聞で報道されてもいる[西垣、一九八三、一九七頁。一八九〇年のおかげまいりを取り巻いた社会的状況変化については、吉見、一九九一を参照]。一世代足らずで天皇制国家と臣民との関係が変わっただけではなく、国民同士の関係も変容していたのである。新たに台頭した資本主義に基づく市民社会は、その規範から逸脱する周縁的空間を閉鎖しつつあった。かつては大衆と神宮との特別な関係を支えるために施された大量のお布施というポトラッチが期待できた時空は閉ざされ、今やお伊勢様への接近を願う参拝者は、国家に認可された形の崇敬以外にはその信心を表現する余地を見出すことが不可能になっていた。

第六章　新世の伊勢神宮

持続可能性という問い

ポトラッチは資源を動員し分配する手段である。しかし、このような経済学的な表現を用いるとしても、ポトラッチは効率が目的ではなく、過剰を必須の前提としており、それゆえその核心には一定の非効率がある。このことは伊勢のポトラッチを維持してきた(現に今も維持する)資源の最大の動員といえる式年遷宮造替用材の供給についても同様である。過去一三〇〇年に及ぶ神宮造替のために、日本列島の森林から膨大な量の木材が伐採されてきた。遷宮後の古材は他の神社に分配もされるし、再利用もされるので、近年では環境意識や日本独自の「もったいない」思想の模範として語られることが多い。そして古い樹木や自然物を祀る日本の伝統とも、また穢れを忌避する意味から遷宮用材が非常に丁寧に扱われることとも直感的に合致し、自然を愛する日本人の心の現れとして説明されることが多い。

これらの伝統に見られる樹木への独特な親近感を敢えて疑う理由はない。しかし日本に限らず、自然への愛も自然物の崇拝も、自然の搾取を妨げてきたわけではない。自然環境保護の観点に立つならば、神宮造替に供給された木材について問うべきなのは、それが「持続可能」だったか、すなわち資源の枯渇なく永続可能だったのか、という問いである。答えは「否」である。江戸時代中期に神宮用材の調達に直接携わった人々もすでに持続不可能だとわかっていた。二〇世紀初頭になると、この問題は政府の最高レベルでの懸案事項となった。その時点以降、林業専門家が新たな営林体制を模索し始め、現在も追究は続けられている。

今日、人間の営為が地球環境に及ぼした影響を地質学的な長期スパンにおいても確認できる新時代として、「人新世」という表現を目にするようになった。人新世の始まりをいつと見るかについては研究者によって様々に議論されている。原子力を操り始め、また化石燃料の資源採掘が急激に加速した一九四五年以降だとする説、それより二〇〇年前のヨーロッパにおける産業革命の曙に位置付ける説などがある。このように地球全体の規模でいくつかの「人新世」の定義がありうるなら、各地域の生態系で類似した形で起こった「小さな人新世」も複数想定できるだろう。例えば、経済史家の斎藤修によると、広葉樹の雑木が支配的だった日本列島が、過去約一五〇〇年にわたる人間の営みにより木目の真っ直ぐな針葉樹の森林環境に変わったという〔斎藤、二〇一四、一六頁〕。軸組構造の木造建築向けに加工しやすい針葉樹を日本人が求めた結果、広葉樹から針葉樹の森林に変貌させたのである。伊勢神宮の用材調達も、列島で最大級の巨材を定期的に要求してきたのだから、この長い過程の中で、決定的ではないにせよ象徴的に大きな意義を持った。本章では、環境という長期スパンで式年遷宮の歴史を追い、日本の人新世という点から伊勢神宮をどう理解すべきか考察を深めていきたい。

式年遷宮の歴史は材木を求めて神宮領の森から、時代とともにさらに遠くへ、そして最終的には列島の果てまで供給地域を広げ続けてきた歴史である。最も入手困難だったのは、一枚板から造るため樹齢八〇〇〜九〇〇年の檜の巨木を要する両神宮の正殿扉と床板用の木材であった。近世初期に城郭と城下町建設などで著しく森林は破壊されたが、その後徳川泰平の下で森の回復が図られて、コンラッド・タットマンのいう「緑の列島」が形成された［タットマン、一九九八］。この二世紀ほどの緑化のおかげで式年遷宮も維持されたはずだ。しかし、二〇世紀に至っても遷宮用材として求められた最大の材木は、江戸時代を遥かに遡る時期に育ったものなのである。大木の調達は遷宮のたびにいよいよ難題になったが、いつの時代も、問題は絶対的必然性によるというよりも、社会的、政治的な問題によるものであった。なぜなら造替に若い木材を継いで利用することは、実際には可能だったからだ。にもかかわらず要求された古い大木が神宮領地内で尽きれば、領地外に向けた説得や強制力によって供給させようとしてきたのである。

日本列島の人新世という視点から伊勢神宮を考察するには、環境破壊の認識を歴史的に追究する必要もある。木を伐採する人はその影響について全くの無知という訳ではないからだ。二〇世紀に起こった世界の環境保護運動よりはるか以前から、人間の搾取が自然環境に対して破壊的で不可逆な影響を頻繁に及ぼすことがあるという認識はあった［ボヌイユ／フレソズ、二〇一八］。日本の森林が管理された環境へと変貌するにつれ、管理者はその限界を認識するようになる。伊勢神宮造替の用材伐採は、要求される材木が格段に探しにくい物だったのでとりわけ早く限界に達した。

近代になるとこの問題は日本の国家と自然環境との結節点で数回の危機に直面する。最初は山林共有（入会《いりあい》）の制限、次に巨木の絶対的不足、そして最後に総力戦による非現実的な資源要求であった。

各段階で危機への対応は、神宮、中央政府、そして供給地域の有力者や森から生活の糧を得る人々という三者が関わる複雑な折衝を伴った。制度の構造的違いはあるが、すでに江戸時代から同じ三者が向き合っていた。

巨木を神宮近辺から遠方の森林へと求める圧力はすでに鎌倉時代に現れている。伊勢神宮研究者の桜井勝之進は五十鈴《いすず》川の堤防工事のための徴税記録「税所文書《さいしょもんじょ》」(一一九四年)を紹介し、近傍の神路山での数百年間の「御用材」伐採で五十鈴川が頻繁に氾濫していたことが背景にあると結論づけている[桜井、二〇〇三、一四頁]。当時の遷宮用材はすべて神領地から賄っていたために周辺環境に被害をもたらしていたようだ。その約一世紀後、一二八五(弘安八)年の内宮遷宮に際し、神領地を離れて木曽美濃山の用材を求めることが検討されたが、結局は内宮から遠い別宮神域の木も含めて伊勢地域から調達することが出来た[平泉、二〇〇六、一〇七頁]。一三〇四(嘉元二)年の遷宮の折には檜が足りず、朝廷で神意を伺い、宮川上流の江馬山が選ばれた。この後、三河国設楽山、美濃国白河山、伊勢国大杉山へと御用材をとる「御杣山《みそまやま》」は移るが、これらの山々でも立て続けに檜の大木が尽きてしまい、さらに遠方へ求めていかざるを得なくなった。一七〇九(宝永六)年の第四七回遷宮でようやく木曽に定まり、以来木曽が御杣山となった[嶺、一九九五、四七三〜四七四頁]。

近世の遷宮と木曽の山

木曽は日本列島最大の檜林を有するにもかかわらず、神宮の要求する木材を探して伐り出すことは困難を極めた。最初は搬出しやすい木曽南部馬籠近辺の山から始まったが、一八世紀中期以降は木曽谷をさらに深く北上せねばならなくなった。少なくともこの頃から、複数の当事者間で用材に関する微妙な交渉が行われたということが遷宮関係記録からうかがえる。一方には神宮神官がおり、もう一方に伊勢の山田奉行をはじめとする幕府役人、そして木曽の山を抱える尾張藩の役人がいた。徳川御三家の尾張藩は幕府からみて比較的に交渉しやすい相手だったかもしれないが、その責務を尾張藩は喜んで果たしていた訳でもない。木曽の側では庄屋などの地方有力者から樵《きこり》まで御杣山としての役目を果たしたが、それは名誉であると同時に重荷でもあったようだ。

一八〇九(文化六)年遷宮より尾張は用材の伐採と運搬を神宮側に負担させるようになった。太田尚宏は書簡や日記資料に基づいて、この時代の材木検分と交渉がどのように展開したかを具体的に明らかにしている。一七八九(寛政元)年の遷宮準備の時期から尾張藩は神宮に対して「尽材」を訴えた。幕府は仲介に入り、より小径の材木で妥協するか、紀州藩大杉山より用材を求めるかを神宮に提案した。結果的に大杉山に決まったが、問題が多く起こり、次の遷宮からは木曽に戻ることになった。こうした経緯から、神宮側は一七九八(寛政一〇)年、尾張藩が幕府を騙して責任逃れをしようとしているのではないかと疑念を抱いている。用材不足の兆候はすでに以前からあったのだが、この段階で尾張藩は遷宮用材の探索、伐木、搬出の責任をもはや負わないことを内々に決めていた。また遷宮の「お指し山」が尾張藩領以外から選ばれる期待もあった。「内見」(検分)のために役人が来て山に入ると、地元木曽の人々は協力的ではあったが、用材として認定出来たのは、要請された大径檜二四六四本に遥かに及ばない、わずかに四八七本だけであった。不足分は小径木で補う妥協策がとられた［太田、二〇〇四、一五四〜一五六頁］。

一八六九（明治二）年遷宮のために一八五九（安政六）年に行われた内見について、太田は神宮と尾張藩の役人を迎えた嶋田小兵衛という湯舟沢の庄屋の日記を通じて丹念に追跡している。木曽の請負人は仕事の効率から、大木も小木も一度に伐り出したいと申し出たが、神宮側は「御神慮の程も恐れ奉り」という理由で大木伐採前に入山して直接検分しなければならないと答えた。尾張藩と神宮両方の検分で庄屋は二度も貴賓を迎えることになり、この年四月、伊勢方（神宮）の内見に先立ち、尾張藩役人五人、「杣代人」と「小杣」と呼ばれる伐木担当者六人が訪れた。嶋田は毎日新しい草鞋を用意し、二週間の滞在中に酒を三斗飲ませるなど、村入用を用いて贅を尽くしてもてなした。また鰻や他の鮮魚を振る舞うために村の者を中山道の中津川まで遣わしてもいる〔太田、二〇一一、六頁〕。嶋田の日記によると、「山之神之檜」と言われた古木が候補にあがった折、尾張の役人に「社木にては之無きや」と問われたが、嶋田はあっさりと「只只山の神様お祭候までの事」と答えた、と自分の日記に書いている。遷宮の用材に選ばれることは地元の神霊に対して抱く気持ちより重要であったらしい。結果的にこの木は正殿御扉木用に認定された。

御杣山と地租改正

内見の慣習は明治維新後も続いたが、登場人物は変わった。幕府の山田奉行は内務省の役人に交替し、一八八一（明治一四）年以降は農商務省に管轄が移る。尾張藩領だった木曽は筑摩県に、一八七六年より長野県となる。神宮側の代表も一八七一年の改革後に変わった。しかし、明治国家の下で準備の開始から終わりまで初めて執行される一八八九年予定の第五六回遷宮を控えて準備が始まった頃、木曽谷住民と中央政府の関係はすでにかなり悪化していた。理由は一八七三年に始まった地租改正である。農地に乏しく山林の入会地に頼って暮らしを立てていた木曽の山村にとって、地租改正は入会権の阻止を意味した。尾張藩は入山禁止の留山《とめやま》、鷹狩の鷹を育成する巣山《すやま》、庶民に開かれた明山《あけやま》の三種の山林を区別していた。明山は最も広域を占め、干草の採取や建材や薪炭用の伐木は基本的に許されていた。一七二二(享保七)年以後、檜、椹《サワラ》、明檜《アスヒ》、高野槙《コウヤマキ》、ネズコのいわゆる木曽五木、あるいは停止木《ちょうじぼく》の伐採は明山でも禁じられたが、それでも厳しい制限下にあったこれらの木も伐採許可が下りる場合があった。島崎藤村の『夜明け前』に描かれるように、明治維新は封建的土地利用概念に基づくこうした伝統的了解の終焉をもたらし、木曽の山の民と明治国家との長い闘いが幕を開けた。

　地租改正調査により官有地と民有地は明確に分けられ、以前の明山は大半が官林に組み込まれ、許可なく利用すれば不法侵入や窃盗罪に問われることになった。新体制の厳しさは調査作業過程でも示された。一八七四年、調査を指揮した筑摩県権令の永山盛輝は、反対する村民を杖代わりに持ち歩いていた鉄鞭で殴ったという。怖れた村民は請願書と密かな抵抗の両方で対応した。一八七八年一二月、調査終了直後に村役人はかつての入会地を民有地に変更する「下げ戻し願い」を県庁と内務省に、後には農商務省にも提出した。なかでも有名な請願書が、藤村の兄島崎広助と二一カ村の村長が明山の下げ戻しを嘆願して、一八八一年五月二九日に出されたものである。美辞麗句を連ねた文書で新政府を讃え、土地所有権を決定した地租改正を「全国人民の最上幸福」とする一方、「我木曽谷の人民のみ」が不幸に堕ちていると訴えた［町田、一九八二、八七頁］。この下げ戻し運動は一八八〇年代前半に盛り上がったが、多くの訴訟は退けられた。その一方で、木曽は巡回するには広大すぎたのであろう、盗伐や境界線を勝手に移動させる事件が相次いだという〔長野県編、一九八八、六一二〜六二〇頁〕。

このいわゆる木曽御料林問題は、数度の管轄変更を経て、結局世紀末まで続く。一八八九年から木曽の官林は皇室財産に編入され、「御料林」となる。それは請願運動が勢いづき始めた一八七九年に宮内卿徳大寺実則が提出した、すべての官林を皇室財産にすべしという案が発端である。立憲君主制の時代が目前に迫る中で、徳大寺は議会が皇室予算を管理するようになる日に備え、ドイツの先例にならい、この戦略をとることにしたのである。一八八一年の意見書で岩倉具視は徳大寺の提案を採用し、同時期に公表されていた憲法発布の一八八九年をその目途とした〔帝室林野局編、一九三九、一〜二頁〕。これが立憲制と関連するのは明白で、自由民権運動が最高潮に達しつつある状況で、日本版ジャコバン派が権力を掌握するのではないかという怖れが皇室擁護者たちを動揺させたであろう。一八八五年に創立された宮内省御料局は一九〇八年に帝室林野管理局へと発展し、一九二四(大正一三)年に帝室林野局と改称される。

新政府、遷宮準備にとりかかる

長野県庁、内務省、宮内省、そして地元住民が木曽の貴重な樹木をめぐり、それぞれの思惑で策を講じようとするなかで、伊勢神宮は第五六回遷宮の用材選定を開始した。御杣山指定に関する最初の連絡は、木曽での地租改正調査が終盤にさしかかった一八七八年六月、内務卿伊藤博文のもとに届く。神宮は以前伐木した湯舟沢その他数カ所の山林を具体的に名指しして、遷宮の一二年前には確定することになっているので迅速に治定して欲しいと依頼したが、伊藤はこれを地方の一問題と捉え、先例を調べてから三重県に申し出るように、と短く回答する。二年後、用材選定開始の許可を依然として待っていた神宮側は伊藤の後任の松方正義に依頼、さらにその数カ月後に松方の大蔵省異動後内務卿に就いた山田顕義に重ねて依頼した。すでに伐木を始める儀礼の山口祭《やまぐちさい》が迫っていたので、神官は苛立ちを隠せず「今以て御指令之れ無く、痛心之至りに候」として、「何卒至急御杣山御確定之御指令之有り度」と書いている〔胡麻鶴、一九六九、三四〜三五頁〕。

一八八二年四月にようやく許可が出たが、内務省から神宮への回答には木曽谷山林の権利問題に直接に言及するところはなかった。対応が遅れている説明として、一八八一年八月に松方は、物価高騰のため造営費のより詳細な見積もりを請求する連絡の中で、予算の問題だと仄めかしている〔④〕。この時期は、いわゆる「松方デフレ」の前夜であった。これに先立つ一八八〇年一二月内務省文書では、慣例だった内見の出費を想起してか、造替の準備に「無益之冗費」を省くよう指示している〔同上〕。しかし、木曽の土地騒動が影響を及ぼした可能性もある。例えば、山の選定について内務卿山田顕義がようやく回答した一八八二年四月に、以前の通り湯舟沢に戻るという神宮側の提案を受け入れず、用材を得る場所を「信濃国西筑摩郡小川村字床沢并打越官林。但御樋代并御船代木の外、諸用木は木曽谷官林内に於て撰伐」と具体的かつ詳細に指定している〔胡麻鶴、前掲書、三七頁〕。神宮から最初の連絡が来た一八七八年から八二年のこの回答に至るまで、内務卿はじめ地方及び中央官僚のもとには、木曽の入会地の下げ戻しの請願が多数届き、いまだ進行中だった係争の消息も届いていた。木材を伐り出す場所を指定し、その範囲を外れないようにと伝える、全部で三行もないこの通知を山田顕義が書いた際、木曽住民からは山林の返還の請願、そして神宮からは材木の督促という、相反する二つの要求が両方とも内務卿の手元にあったであろう。
一八八二年四月末に内務省官吏大谷順三と御用掛折田年秀が御杣見分のために木曽に派遣された。元薩摩藩士で維新後に公職を引退して神戸の湊川神社の初代宮司になった折田は、この時の感想を几帳面に日記に記しており、その記述から遷宮のために調査する官僚と木曽住民との関係が変化していた様子が読み取れる。数週間を要した近世の内見とは違い折田の訪問はわずか四日間で、専門外だったせいか日記には樹種や伐木計画に関する記述はなく、樹木への関心はとにかく希薄だったようだ。山林局を訪ねて望遠鏡で「打越し・床沢等の山林を一望し……打越しの山林を一見す」とのみある[㉒一八五頁]。こうした記述のなか、帰る日に地元民の性格について書いた以下の評価は目を引く。

土人之風習たるや質朴可愛も、彼の狡猾にして、新聞の一論説をも読得たるが如きものは、黠智《かっち》悪姦《あっかん》到らざることなく、羞恥を忘れ、人情を顧みず、己れの欲を逞して、人を逆するの状名す可らざるあり、実に感慨に堪えざる処なり、已《すで》に聞く、参事院は議官を派出すと、果して幾分の効力を具するもの乎。［同上］

折田が現地で何らかの激越な政論に遭遇したとしか思えない。官民有地をめぐる闘争に直接言及してはいないが、その文脈は明白なようだ。一八八二年の時点で木曽谷住民の請願があまりに多く却下されていたので、当初島崎一派が明治政府に試みていたへりくだった態度よりも過激なアプローチを取りたくなる人も現れていたであろう。またそうした動きは、自由民権運動の重要な声になっていた信濃毎日新聞（「長野新報」で一八七三年創刊。一八八一年に改題）の論説に影響されていたかも知れない。

明治以降の林業専門家たちの御料林計画に見る環境意識は今日、高く評価されている。また、ここまで触れてきた山林関係者は皆それぞれの方法で何らかの森林保護に取り組んでいたのも事実である。しかし、いずれも「環境保護」を目指していたわけではない。近世から近代、二〇世紀もかなり後まで、保護すべき「環境」という概念はなかったからだ。尾張藩の役人も明治政府も御料局も、山林は尽きるということを知っていたが、入山制限は自然環境を守るためではなく、森が提供する材木を確保するためであった。神宮神官はどこから伐採されようとも巨木の入用のみを見、その結果何世紀にもわたり森林は消耗され、さらに遠く山奥へと伐採地を拡大せざるを得なかった。「里山」に関する近年の哲学に刺激されて、地元住民自身が真の環境保護主義者だったとする見方も魅力的ではあるが、しかし山村の人々も、山林に見ていたのは保護すべき「環境」ではなく、採取や伐木で成り立つ自分たちの暮らしであった。一八七二年に筑摩県が大蔵省に宛てた報告で、木曽の農民は明山が自分の物だと考えている、と説明し、「五木欅を除之外、勝手に伐木いたし候得者、実生成木いたし候故、譬《たとえ》ば海中の魚之如く尽る期無しと所之者は申伝」えると記した〔児玉、一九六一、八頁〕。地元では山は無限の資源と思われていたのである。

巨木不足に直面する明治政府

第五六回遷宮へ向けた準備中に用材伐採の山林地確保がこうして問題になっていたが、これに対して、一九〇九（明治四二）年予定の五七回遷宮の数年前から、必要とされる用材はそもそも調達可能なのかという根本的な問いが浮上していた。その危機感は内務省御料局の地方出張所から伊勢神宮や東京の官庁を経て天皇の側近まで届いていった。一八世紀に幕府と神宮が尾張藩に対して疑念を抱いたように、今回も国家官僚は、木曽から来る「尽材」の訴えは巨木を探して伐り出す厄介な負担を逃れる企みではないかと疑うこともあり得ただろう。しかし、今回の訴えは地方の一領主からではなく、皇室財産である山林の管理のために特別に任命されている森林専門家からであり、疑念どころか抜本的解決を要する正真正銘の危機だと判断された。

こうした状況下の一八九八年、内宮が火災で炎上し、一九〇〇年に臨時遷宮を行うことになった。これは御料局管轄下の森林から採木する最初の造替の機会であったが、この時以降御料局内で用材状況が懸念されるようになった。事業を進めるなかで満足のいく大木を見出すのはどれほど困難かがわかり、これを機に翌年から御料林内に立つ直径二尺以上の檜の悉皆調査が開始された。新事実がもたらされるのが調査というものの常である。かねてより大木の枯渇は知られていたが、今度は具体的な数字で確認された。御料局は造神宮司庁に、来たる明治四二(一九〇九)年第五七回造替遷宮には檜大木は間に合い、明治六二年五八回にも何とか足りそうだが、五九回造替遷宮は困難であろうと報告し、代替として小径木を受け取るよう神宮に同意を求めた[和田、一九三五、一七七~一七八頁]。御料局の調査と交渉の話は内務大臣の耳に入り、さらに天皇に伝わる。こうして一九〇四年夏、伊勢の式年造替遷宮の維持は国家政策の緊急課題となった。

次の造替遷宮が近づきつつあるなか、木曽では山林の官民有地問題は未解決のままであった。一九〇三年、境界争いと盗伐の事件数があまりに多く、御料局の名古屋地方事務所の手に負えなくなり、紛争解決と山林監視のために新たに木曽支局を設立することになった〔大日本山林会編、一九三一、三三八頁〕。また、御料地になっていた旧入会地は下げ戻しも再調査もされなかったので、下げ戻しの代わりに賠償を求める新たな請願書が一九〇四年に宮内大臣の許に届いた。賠償金額がついに決まり、一九〇六年より木曽谷の各村々に支払いが始まった〔町田、一九八二、二二七～二九八頁〕。

こうして木曽の山林をめぐる争いが遠音に響くなか、東京では天皇の側近が神宮造替の将来について諸案を提出していた。この協議で天皇が果たした役割は例によってベールに包まれているが、旧来の伝統を維持するよう求めたことは確かである。『明治天皇紀』は当時の侍従長徳大寺の日記を引用しつつ、一九〇四年七月に内務大臣芳川顕正と宮内大臣田中光顕が、大材不足の問題克服のために今度の造替から柱を直接地中に埋めずに礎石に置き、コンクリートで固めることを提案したと記している。こうすれば二〇〇年は保ち、檜大材の育成に時が稼げると説明した。『明治天皇紀』には、天皇が「聴したまわず」、次回造替遷宮を古制にしたがって行うよう指示したとあるだけである〔⑲八〇二頁〕。御料局の記録にはこの記述はないが、代わりに『帝室林野局五十年史』〔帝室林野局編、一九三九〕には、同月「御用材の不足に対しては常に陛下御心に懸させられ」ているとして、徳大寺が御料局に勧めた別の提案が残されている。まず徳大寺は、神宮の古制と旧観を永遠に持続させる計画を講じるようにとの天皇の命があると説明し、「積年乱伐の余習」のためいずこにおいても巨木は乏しく、明治八二年（一九四九年第五九回遷宮）に必要な巨材が木曽の山林に見込めないのなら「内地何れの山地に」もないだろうと指摘する。そこで、まずは檜材を両宮の正殿のみで使用し、ほかは杉材で間に合わせること、そして次に、御樋代に使用される御祝木以外の用材はとりあえず「帝室貯木」の中より取るようにすること、というのが徳大寺の提案だった〔同上、六七六〜六七七頁〕。

ここで一旦、「古制」と「旧観」にこだわる明治天皇の姿勢を考えてみたい。現代の伊勢神宮の建築を知る人には、石とコンクリートの土台はとんでもない話に思えるかも知れない。しかし当時は現に目前に迫る問題の一つの当然な解決法であった。ちなみに、日本初のコンクリート構造物はちょうどその一年前に琵琶湖疎水にかけられた橋（一九〇三年七月）であり、コンクリートは当時の日本の最新技術であった。礎石の上に柱が立つ神社は古代から複数あったし、コンクリートを隠そうと思えば簡単に隠せたはずだ。明治天皇も無形文化財指定などに見る文化伝承の真正性《オーセンティシティ》という現代的な価値観を持っていたとか、伝統技術の継続自体を懸念していたと即座に想定するのではなく、むしろ神宮と天皇制国家の特殊な関係という文脈で理解した方がいいだろう。神宮の柱を石とコンクリートの上に置く案を拒否した明治天皇がその瞬間に何を考えていたか知ることはできないが、神宮から授かる天皇の力はまさにその絶えざる腐朽に依拠していると暗黙裡に肯定するスタンスであった。建築として、より荘厳な社寺はいくつもあったが、しかしその維持のために費やされてきた資源の点において伊勢神宮に及ぶ所はなかった。このポトラッチ的な要素こそ伊勢に特別なオーラを与え、伊勢が受けている皇室の保護の力を顕示していたのである。

加速する森林破壊のなかで

御料局の役人は持続が困難と知りながら、古制を守る命令を真剣に受け取り、杉材や帝室貯木を用いるという徳大寺の提案を採用しなかった。となれば御料地から檜古木を伐採し続ける方法を探るほ

図 6-1　神宮御造営材の伐り出し．南木曽町男滝　1920(大正9)年　木曾山林資料館情報提供．

か選択肢はない。これにより、木曽の御料林の一部を伊勢神宮造替専用の檜を生産する「神宮備林」とする政策が導き出された。最初は「永久備林」と今後百年間伐採していく備林の二つに分け、いずれは永久備林だけで足りるようになることを期待した。これは持続可能な神宮造替計画の第一歩であった。しかし、成長に何世紀もかかる巨木が特に不足していたので、持続可能な造替計画がすぐに持続可能な森林の創生とはいかない。一九二九(昭和四)年造替遷宮へ向けて、木曽の管理局長から神宮に「大樹喬木漸次減少の結果、来る大正十八年度御材の伐出区域は甚だしく拡大すべき見込み」と警告が届き(**図 6-1**)、巨木調査のため二年早く準備を始めなければならなかった〔胡麻鶴、一九六九、七一頁〕。この警告は神宮備林と御料林全体との区別をしておらず、備林だけで間に合わせる計算ではなかったことがわかる。

備林設定に必要な面積の算出は概算に頼っていたので、一九三一年から三四年にかけて林業専門家倉田吉雄の指導の下、檜材の恒久的生産を可能にする「法正林」決定に必要な数量的根拠を得るために精密な調査が行われ、その結果は『神宮備林ノ法正状態ニ関スル研究』〔倉田、一九三九〕として出版された。二種の備林を三種にし、全体の面積も拡大された。一九三三年の帝室林野局報告書には、新しい備林は持続的伐採には依然として直径九〇センチ以上の檜が一〇一〇本不足している上に、小径の檜も不足しているというデータが含まれていた。そして檜伐採を減らし檜群地から他の樹木を伐採することで速い成長を促す方針をとることになった〔帝室林野局編、一九三三、二六頁表、二一六～二一八頁〕。要するに、現時点の備林では神宮造替の要求を満たせないので、備林内檜材の育成実験は進めていくという結論である。尾張藩の時代に神宮側が妥協して小径の檜を利用することもあったことを考え合わせると、神宮備林の指定とその持続的管理の研究という近代の動向は、最大の木材で造替を行うという意志を強調する傾向にあることが読み取れる。この方針は近代における神宮の国家的重要性と貴重な資源を動員する皇室特権の誇示にも合致していた。近代的森林施業を導入して伊勢神宮式年造替遷宮を維持する方向性が打ち出されたこの時期以降の動きは、最古で最大の檜を伐ろうとする動向にも繋がると考えなければならない。

全国的に見て、神宮備林の設定は深刻な森林破壊と時期が重なっている。一九〇五～九年中に使用された日本の全エネルギー源の五〇パーセントは薪と木炭であり、日清・日露戦争期は木材燃料に依存したまま工業化したのである。日本最大の製糸地帯であった諏訪では地元住民が「例の取り徳と云う事柄で散々に山を荒ら」しているど、長野県林業報告書(一九〇七年)が嘆くほどの速度で材木を消耗した[杉山/山田、一九九九、一三七頁]。日本の輸出品第一位である生糸の生産が帝国の発展を支えている、と政府は鼓舞してもいた[筒井、一九八四、二七頁]。

神宮造替用材確保のために備林が設定された二年後の一九〇六年に始まる神社合祀政策は、森林破壊に一層の拍車をかけることになる。合祀の目的は国家神道に縁の深い神社の権威を向上させ、古い村落共同体への忠誠心を弱めることにあったが、村落祭りの経費節減にもなるので、いわば地域社会でのポトラッチ潰しだった。最も大幅な減少を見たのは神社の九割が合祀された三重県である。合祀された小神社のなかには伊勢信仰につながる神明社も多かった。元御師の支援を得て宇治山田の市民は合祀に反対して、地元神社数社を守ることに成功したケースもあった[西川、一九八八、五一頁]。一方、神社合祀によって残った神社と地方政府には神林から木の売却益がもたらされた。一九一二年に和歌山県の衆議院議員中村啓次郎は、地域住民が「競うて神社を破壊し、神樹を伐採し」ていると、合祀の行き過ぎを非難した[大日本帝国議会誌刊行会編、一九二八、一一五五頁]。和歌山県に居住していた博物学者南方熊楠の神社合祀反対運動は、民間信仰の擁護と同時にこれらの森の樹木を守るためでもあった。中村の発言と同年、南方が友人白井光太郎に宛てて著した「神社合祀に関する意見」で、日本の神林の古木は西洋の石造記念建築に相当するものだと以下のように主張している。

わが神社何ぞ欧米の寺院、礼拝堂に劣らんや。ただそれ彼方《かなた》には建築用材多く、したがって偉大耐久の寺院多し。わが国は木造の建築を主とすれば、彼方ごとき偉大耐久のもの少なし。故に両大神宮を始め神社いずれも時をもって改造改修の制あり。……ただし、わが国の神社、建築宏大ならず、また久しきに耐えざる代りに、社ごとに多くの神林を存し、その中に希代の大老樹また奇観の異植物多し。これ今の欧米に希《まれ》に見るところで、わが神社の短処を補うて余りあり。外人が、常にギリシア・ローマの古書にのみ載せられて今の欧米に見る能わざる風景雅致を、日本で始めて目撃し得、と歎賞惜《お》かざるところたり。……後年日本富まば、分に応じて外国よりいかなる大石を買い入れても大社殿を建て得べし。千百年を経てようやく長ぜし神林巨樹は、一度伐らば億万金を費やすもたちまち再生せず。

［㊺明治四五年二月九日］

このように日本の森林資源の枯渇へと向かう力がいくつも働くなかで、神宮備林は再生可能な檜材の利用を追求する希な長期計画であった。二〇世紀初頭に、御料局の林業専門家は伊勢神宮式年造替遷宮が投げかけた大きな課題を直かに経験した。伝統を変わらず継続させる任命を天皇より受け、持続可能なモデルを探らざるを得なかったのである。しかし、林政史において神宮備林が珍しい事例であったのは、持続可能な「法正林」の追求そのものによるのでもなく、ユニークな環境保護思想だったからでもない。再生に数百年を要する大木をいかに供給するかという特異な問題を抱えていたからであった。

総力戦と式年造替遷宮

一九四九（昭和二四）年に予定されていた第五九回遷宮の用材調査は一九三九年から開始され、一九四一年一月に造営予算が内閣に承認されて、最初の木材を伐り出した。太平洋戦争が始まると日本は資源を全て動員する総力戦体制に入り、木材もその一つであった。翌月の四一年二月に政府は木材の統制を開始し、一九四二年木材統制法の下で全国の林業は政府の独占に向かう［三井、一九九六、二二一〜二三頁］。一九四一年末から木材も燃料も輸入できなくなり、官民の別なく森林の乱伐が始まった。一九四一年から四五年までで、約三六〇万ヘクタールの森林が破壊された［Tsutsui, 2003, pp. 299–300］。

御料林はこの破壊から概ね免れ、お陰で四〇年前の第五七回遷宮に際して林業専門家が神宮の求める条件では調達不可能と懸念した檜材を、結果的に造替に調達できたようである。一九四〇年代前半の帝室林野局事業記録には、以前の遷宮と同じく、神宮、中央政府、名古屋と木曽の地方事務所とで、込み入った交渉が行われた痕跡が残されている。そして、そこには伐採作業の詳細と森を踏破した足跡の克明な記録とともに、伐採に従事する作業員自身の声まで初めて記されていた。最大の檜林を管理する責任と遷宮という聖なる任務に対する誇りがその言葉から読み取ることができる。木曽の出ノ小路神宮御造営材伐出掛は、伐木の作業員のために作成した注意書を名古屋支局に送ったが、その冒頭で部下をこう励ましている。

世界は広く、檜の生立地も亦多し。しかれども神宮御造営用材は特に勅裁を仰ぎ奉り御杣山として御治定になりし特定の地域を限り数多き檜の中より厳選に厳選を重ね、今日世界が有する最優良の檜を以て供進し奉るものとす。……日の本の御民吾等。山に生れ、山に育ち、山に活くる吾等、山の子。今、選ばれて千載一遇の感激に恵まる。誓って此の大任を完遂せむことを期すべし。［⑩］

こうした情熱的な言葉に見られる神聖な任務という意識は前の世代にもあっただろうが、戦時期の超国家主義的気運のなかでさらに高揚したに違いない。

その一方で、木曽の作業員は任務が不可能に近いことも知っており、時に妥協を求めることもあった。神宮より送られた詳細な木材注文に応える形で「近似木」という別表を作成し、「本表掲記の近似木は注文資格に略該当し或は注文資格と開きあるも已むを得ざる候補」との説明を加えている［②昭和一四年六月一四日］。名古屋と木曽で会議も度々開かれ、山での現地検分もこれに続くこと数度の末、名古屋支局は各候補に簡潔に「適」「否」と記した表を木曽に返送した。一九四〇年末に木曽支局より造替の「重要木」として提案された三九四本の候補のうち、神宮側は七六本を拒否した。特定のものについては立木や材の断面図も要求した。木曽側は丁寧な図面を送りながら、最も困難な部材の伐木と木取りには神宮の代表が木曽に来て立ち会って欲しいと要請した。神宮側は若い木を中心に三二〇四本の「追加御用材」も求めたが、木曽からは神宮備林では賄えない数なので外の森林から取ることになると回答してきた［同上］。

今回もこれまで同様、正殿の扉と床に使われる幅三尺以上長さ一〇尺の完全な柾目板の確保が何より困難で大きな挑戦だった。一九四一年二月に、木曽支局は名古屋と東京に未選定の用材九本を除い

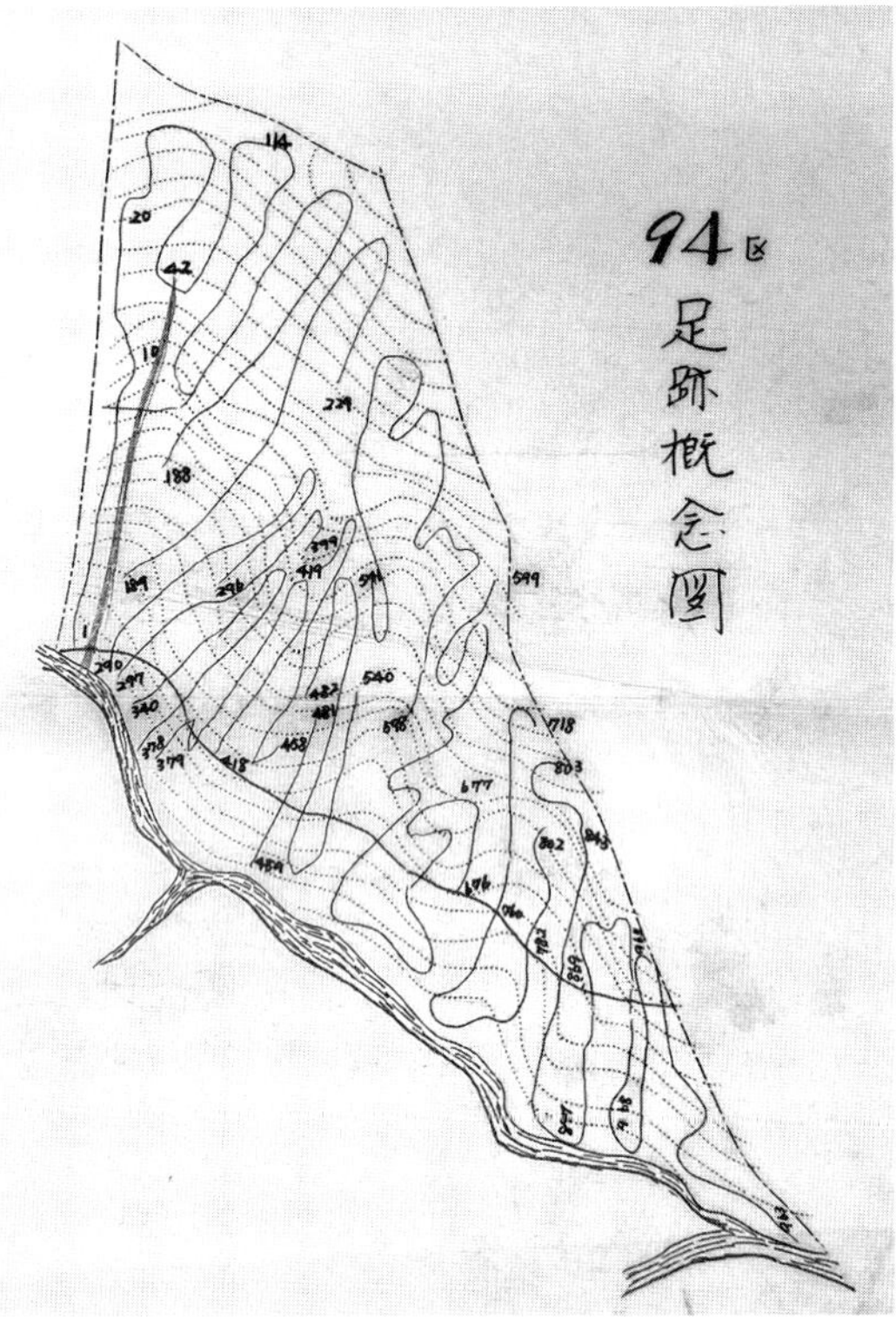

図 6-2　「94 区足跡概念図」[⑧].

て、「適当なる原木を選定し得たり」と報告した。しかし、残る九本の要求については「右は何れも之を自然界に求むること極めて困難なる特殊奇形木にして未だ発見するに至らず」と困惑しながらも、探求を続けた。これらの特大材は神宮備林の法正保有本数維持の計算を超えるものだったので、結局備林外に求めることになった[同上、「報告」昭和一七年一〇月一日]。

大材を選定して伐り出す木曽の作業員の配慮と専門知識は、捜索の道を記録するために描いた精密な地図に現れている。一九四〇~四一年の調査を収録した『檜大木台帳』二冊がある[⑧]。詳細に書かれた表で、各原木の位置、寸法、特徴が記されている。これと併せて、条件にあった原木を探すという困難極まる作業から編み出された「足跡概念図」と称する独特の視覚表現もこの台帳に現れてい

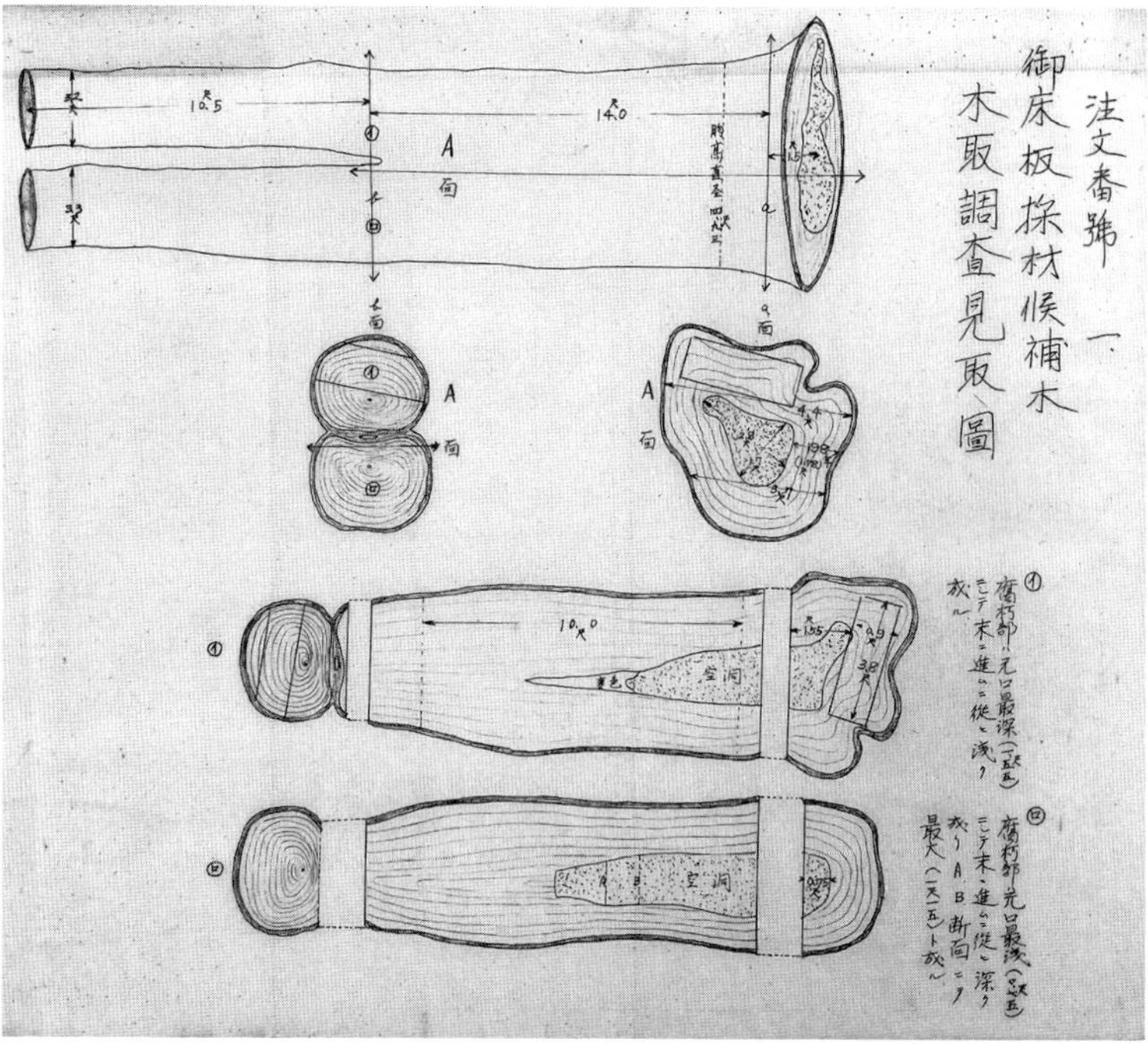

図 6-3　「御床板採材候補木 木取調査見取図 注文番号一」[⑪].

る(**図 6-2**)。地図上を蛇行する歩行の点線は山の斜面を渡りながら作業する困難を如実に伝えている。「概念図」という表現も含めてこの地図化の手法は、木曽の作業員たちが森をいかに熟知していたとしても、さらに奥深い地に未知の場所や未発見の檜木立が残っていたことを窺わせる。

物質としての森の実状を名古屋の林野局と神宮に伝えるために用いられたもう一つの視覚表現も刮目に値する。事業記録には伐った丸太、板目、節、さらに節無し板をどう取るかを示す丁寧な「木取調査見取図」(**図 6-3**)と称される図も含まれている。また、立木のスケッチもあり、木材仕様に合わせて製材される前は樹木がまさしく不規則な自然物であることを改めて認識させる。

こうした丁寧な絵図と記録で作業を進めていても失敗は頻繁にあった。単に神宮側の要求が理不尽だったからではない。巨大な立木は予測不能な生き物であることは、神宮の大工より、林業専門家より、現地で伐採に当たる作業員が身を以て認識していた。伐倒して鋸引きするまで、土、風雨、苔や地衣類、微生物や森の動物などが数世紀にわたりどのように成長に影響したかを知ることは不可能であった。

樹齢千余年の檜を伐る

木曽付知出張所出ノ小路神宮備林から、樹齢千年以上の檜を一九四一年九月三〇日に伐倒したという報告が届いた。露出した中心部に腐敗箇所は一尺×一・五尺の一つだけで、外からの観察では木質良好と判断された。正殿扉材に提供可能かもしれないという期待とともに数日をかけて慎重に切り目を入れて、造神宮司庁係官の現地検分を頼んだ。しかし、この木は「抱合木」の一本だった。木取調査によって二本の木の接触面から芯部深くまで疵《きず》が入っていることが発覚したのである。更なる検討を要するとして、係官検分の下、以前提供した数本の候補に戻ることになるかもしれないと報告している[②]。

現地の状況はこのように複雑だが、『読売新聞』記事は国家主義のイデオロギーに適うように、単純化して伝えている。「臨戦下の国力・悠久伝わる文献」という副題に続き、式年造替遷宮のために樹齢千年の檜を伐ることは「わが国力、わが皇国民の宗祀敬神のこゝろのいかに深きかを中外に誇示す悠久への一つの文献だといわれている」と記している〔『読売新聞』一九四一年一一月一九日〕。この報道には、神宮備林での法正林の数量的根拠を確立した倉田吉雄博士のインタビューも紹介されている。倉田はここで神宮の柱をコンクリートで補強した礎石に建てる案の話を取り上げたが、この案は海外から来た発想だと倉田は解釈し、「外国では廿年ごとの式年御造営は土台をコンクリートにすれば費用、手数を省略できると暴論をはくものあると聞きますが、わが皇国民と生れずしては理解し得ぬ境地でありましょう」と語っている。四〇年ほど前、徳大寺実則の日記に記された内務大臣と宮内大臣から出されたこの大胆な提案は当時、おそらく公にされることはなかっただろうが、噂として皇居から漏れた可能性はある。そしてこの時期になって、その発案者を離れ、非日本人の愚かさを表象する寓話になっていたのである(ちなみに、この一一月の『読売新聞』で報道された檜が九月に伐倒され一〇月に木取りされた木だと断定はできないが、それ以降に「樹齢千年」の檜に関する記述が木曽の事業記録になく、当該の檜の可能性は高い)。

一九四二年一〇月一日付「中間報告」をもって、公文書館保存の第五九回式年造替遷宮の用材伐採に関する事業記録は終わっている。報告によると大半は伐出されていたが、なお数本の取り換えが必要と予測されていた。この報告の末尾に総合計算が数点掲出されている。一回の造替に必要な檜立木一万一七〇五本のうち、直径九〇センチメートルのものが一五四本であった。一九三三年の内務省との交渉の結果、正殿扉に必要な径一四〇センチメートルものの不足を補うため、今後一八回の造替、すなわち三六〇年間で、一回に取る巨木の本数を二本分ずつ減らすことが決定されたと記している

〔⑪〕。今回も何とかして神宮側が満足する用材を帝室林野局が調達できたようである。一九四三年四月の『読売新聞』は宇治山田市で九万人が御神木を神宮に運ぶ儀式「お木曳き」に参加したと伝える〔「神宮御用材御木曳」『読売新聞』一九四三年四月二〇日〕。

だが、慎重な選定、伐出、木取りを経たこの用材は、一部が戦争に直接巻き込まれることになる。一九四五年二月の『読売新聞』に、遷宮用材を皇軍に譲る儀式が行われたことを伝える短い記事が載っている。翌月には、この用材が戦闘機などとして「敵激滅」する「神の兵器」になるとの新聞報道もある〔『読売新聞』一九四五年二月一六日、同三月二日〕。同じ紙面の隣には、帝国在郷軍人会会長の井上幾太郎が最終決戦に備えて竹槍を用意せよと国民に呼びかける記事が見える〔「銃なくば竹槍で」『読売新聞』一九四五年三月二日〕。資源と人命をみだりに消費する日本の「聖戦」という悲劇的不条理が、この新聞紙面から露呈している。

敗戦翌月の新聞報道では、空襲で遷宮用材が損失し、一万石が木曽の神宮備林から新たに調達されることになったとあるが、結局第五九回遷宮は一九五三年まで延期される。

列島の境界を越える

第五九回遷宮のために、木曽の森から最後の檜用材を伐採しようと必死の努力をしていたこの時期について一つの謎が残っている。果たして内地の外からの木材で補われたのかという疑問である。この問題の端緒は、ニューヨーク近代美術館の建築・デザイン担当学芸員だったアーサー・ドレクスラーの言葉にある。ドレクスラーは建築評論家濱口隆一に伴われて一九五三年に伊勢を訪れた。この訪問は国立近代美術館の館長岡部長景の斡旋と神宮の協力もあり、一行は先例のないほど存分に神宮境内を見学することができた。一九五五年刊行の著書*Architecture of Japan*において、ドレクスラーは伊勢神宮を世界的意義のある建築モニュメントとして礼賛し、続けて遷宮のための大木は「ほぼ尽くされている」と書き、「将来の造替も一九五三年の時と同様、朝鮮と台湾の木材に相当頼らなければならないかもしれない」との説明を加えている[Drexler, 1955]。日本訪問以前に彼がこの話を知るはずもなく、また創作する理由もなかったはずなので、訪問中に誰かから聞いたとしか考えられず、伊勢でのことであった可能性が高い。二〇二二年に私は神宮内部の話として、ドレクスラーの言葉を間接的に裏付ける話を聞いた。一九二九年の第五八回遷宮で、外宮正殿の扉に台湾檜が使用され、その木は次の遷宮で外宮火除橋の部材に回されたと神宮で言い伝えられているというのである。管見の限り、これを確認できる公の記録は存在しない。しかし一方、この言い伝えはドレクスラーか他の神宮外部の人の話が元になったにしてはあまりに具体的で、またそこに真実がある程度なければ神宮の外ではなくその内部で言い伝えられる動機はさらにないだろう。

つまり、まず最初の謎は、第五八回遷宮にしろ第五九回遷宮にしろ、伊勢神宮は輸入材を使って造られたかどうか、である。何世紀にもわたり檜の巨木を求め続けた末に一九〇九年にはすでに破綻を目前にしていたが、この探求は遂に列島の境界を越えることになったのだろうか。しかし、本当に謎なのは別の問いで表現できるだろう。言うならば、台湾檜を用いて何が問題なのか。また、もし使われたのだとしたら、詳細に残されている式年遷宮の記録はそのことについてなぜ語らないのか。台湾は第五七・五八・五九回遷宮の用材伐木の時期を通じて、植民地として日本の一部であった。一九二〇年の明治神宮建立には台湾の木材も使われたことは広く知られており、また内地の複数の社寺にも台湾材が用いられていたことは植民地の営林官僚の間で誇りでもあった。一九三五年の台湾営林省の出版物には、台湾檜は「木色清楚、木香高雅、木理整然として国民的精神の欲求に合致」するとして、明治神宮のみならず、橿原神宮、湊川神社、春日大社、朝鮮神宮など、「神社仏閣は挙げて台檜を用いないものはないと云って良い」と記している〔台湾総督府営林所編、一九三五、一一〜一三頁〕。それなのになぜ伊勢神宮はこのリストにないのか。明らかに需要はあったのに、伊勢神宮のみが良質の台湾材を拒んだということなのか、それとも別の理由でリストに「挙げられる」神社ではないということなのか。

植民地の木材に関する謎は、戦時期の日本に現れた民族主義と民族差別問題の類推から考えられる。日本民族優越主義を戦時中の支配的イデオロギーと見なすべきかどうかについては、歴史家の意見が分かれている。ジョン・ダワーはその有名な著書『容赦なき戦争――太平洋戦争における人種差別』の最後の章で、「大和民族を中核とする世界政策の検討」という厚生省の報告書（一九四二〜四三年）を分析した。題名が示すように、この報告書は大和民族がアジア諸民族より先天的に優れており、故に彼らを支配すべきという前提に立って日本の将来の政策を検討している。アジアの解放や共栄というレトリックに反して、このような民族秩序の信条が戦時中のアジア政策を実際に動かしていたのであり、それが占領地域での強制労働や残虐行為に直結した、とダワーは力説している〔ダワー、二〇〇一〕。ダワーのこの主張に対し、タカシ・フジタニは、厚生省の報告書が大和民族の純血を強調していたのと同時期に、日本軍は朝鮮と台湾で軍夫の徴兵を開始したが、彼らは民族混成部隊に入れられたし、朝鮮総督府は「日鮮」の結婚を奨励してもいた。フジタニの主張は、戦時中の日本は植民地支配下の民族に対して残虐行為をしなかったというのではなく、フジタニが「慇懃な人種差別」と呼ぶイデオロギーの下、政治・軍事両面で日本を指導者とする多民族的帝国構想の枠内で、欧米の人種差別に敢えて対抗するという挑戦に植民地支配下の非日本人も主体的に参加するよう促したということである［フジタニ、二〇二一］。

このどちらか一つの立場からのみ戦時期日本の人種差別を理解しようとするのではなく、両方の要素を意識するのが適切だろう。戦時イデオロギーは不規則に広がり、内的矛盾を抱えるものだったのである。ある機関や思想家が純血を唱える一方で、アジアの民族的融合を唱えるものもあっただろうし、またその二つの間で単に便宜的な選択をする場合もあっただろう。この文脈に置いて考えると、植民地の用材を拒む、もしくは受領を秘匿するという伊勢神宮の選択は、純血主義の立場に類似していると捉えられる。国家神道に関わる全ての聖地のなかで、唯一伊勢神宮は大和民族のためだけに存在し、日本列島の資源のみで満たされる、と言いたいかのようだ。「八紘一宇」のスローガンが表すように、他のアジア諸国の上に天皇は等しく君臨するとされてはいたが、天皇が神々の直系の子孫であることを体現する伊勢神宮は、非日本人が「国体」へと統合されて一体となるその目の前に一線を引いた。伊勢神宮が内地の木材を要求したということは、日本帝国はその神聖性という側面において実は民族的に限定されたものだった証左でもある。

しかし、この問題を神宮の物質史に位置づけ直してみると、別の解釈が提示できる。すなわち国外由来の木材使用にまつわるタブーのようなものは、近代日本の古制回帰の一環として見ることも可能である。古代のヤマト王(天皇)が列島での威信財競争から身を引いた時、贈与品を与える権限を王が独占し、また王以外の者が王への贈与で勢力を増すことを阻止するために、王はいかなる贈与も受けとらないことにしたのであった。第二章で触れたように、一九二九年の第五八回遷宮後に初めて植民地の神社に神宝が下賜された。もし同じ第五八回遷宮の折に必要に迫られて神宮が植民地から木材を受領したならば、古代の論理からこの受領を公にはできなかったのかもしれない。古代のヤマト国家は、制圧してきた多数の地域勢力(いわば列島内の「植民地」)に対して銅鏡などの物品を分配する一方で、神宮では彼らから一切の幣帛を受け入れなかった。同様に、復古後の天皇中心国家は、今度は列島外に植民地を持つようになって、そこにもその寛大な「御心」を示しはしても、その地に依存しているように見えることを許すことができなかった。

一九五三年の第五九回遷宮以降、台湾はもはや日本の一部ではなくなっていたので、正殿の扉などには小径の木材を継いで用いるようになったようである。これはこれまででも可能な解決法だったのだが、植民地からの木材と同様、公言もされず、またなるべく避けられてきた方法でもあった。伊勢神宮をはじめ日本社会全体に新たに戦後ナショナリズムが出現したが、それは敗戦を経て列島の境界で区切られた民族国家として再定義された「日本」を対象としたので、遷宮のために植民地からの輸入材が用いられたなどという話は、かつて多民族帝国として拡大を目指した時代よりもなお一層受け入れがたい、恥ずべきものになった。

森林、持続可能性、とポトラッチ

二一世紀初頭以来、神宮の広報や様々な一般向きの刊行物では、遷宮の伝統は自然を大事にする神道固有の考え方の体現であるという主張が多くなった。アイケ・ロッツが明らかにしているように、神道の儀礼にこうした環境保護主義の意味を読みこもうとするのは時代錯誤である[Rots, 2017, p. 185]。遷宮を「エコ」と捉える主張は二つの事実を根拠としている。まず、古材が神宮内や他の神社に配分され再利用されていること、次に遷宮用材の森林の持続可能な管理である。第二章で述べたように、古材の再分配はかつてポトラッチの一環として機能したものであって、資源の再利用という一般的習慣の産物ではなく、ましてや自然環境保護の意志に由来したわけでもない。神宮より譲渡されることで一部の建築材が一部の神宝と同様、遷宮を経由して別の場所に移った時に、下賜された物は神聖な意味においても物質的な意味においても、下賜する側の権力の優越を再確認する象徴であった。

本章では、式年遷宮の持続可能性の問題を取り扱った。持続可能性という概念自体は今日的な発想であるが、それに至るまでには近代におけるプロセスがあったことがわかる。神宮が要求する木材を日本列島の森林が恒久的に供給できる方法を模索するようになったのは、明治後期に新設された御料局が神宮への用材調達に関わるようになってからだが、二〇世紀末までは自然環境に対する人間の責任の問題としてではなく合理的な資源管理の問題として認識されていた。

近年、遷宮用材の資源に木曽の森林の他に伊勢の宮域林が加わっている。この宮域林は一九二三年に皇室より神宮に戻された森林で、一九五〇年以来、林業専門家は木曽で始まった法正林造成の研究をここでも継続してきた。一三世紀までと同様、将来には神宮近辺の森林のみで再び全ての用材が供給されるようになることを期待している。二〇一三年の遷宮用材の四分の一は宮域林から採られたという。

第六一回遷宮の一九九三年に、遷宮を資源の無駄遣いとして批判する手紙が『朝日新聞』投書欄に二通載った。林業専門家嶺一三はこれに応えて、神宮の伝統を擁護しつつ反論を寄稿している。嶺は古材分配と技術伝承に触れ、建築家ブルーノ・タウトが造替の伝統を称賛したことも指摘し、さらに「遷宮ごとにヒノキの大木が木曽国有林で伐採されるが、神宮自体は将来の用材生産のため各種の研究を進めて」いるという説明を加えた〔「伊勢遷宮時の古材は再利用」『朝日新聞』声欄、一九九三年三月一六日〕。嶺自身は神宮の宮域林を将来の遷宮用材の源に変貌させる計画の指導者として一九五五年から勤めており、この問題に答える十分な資格があり、かつその主張も理にかなっていた。伊勢神宮の式年造替遷宮は二〇世紀を通じて日本のどこの聖地や史跡より、ひょっとすると世界のどの史跡よりも、林業専門家の莫大な努力が注がれてきたのであった。この努力の目標は当初から、そして現在もなお、檜の巨材の持続的生産にある。しかし、この持続可能な資源利用への取り組みの原動力となったのは、神道の思想でも神宮の伝統でもなく、嶺のような森林専門家たち自身の責任感であった。しかも、彼らにとってこれはまさに苦闘であった。嶺が一九五五年に宮域林管理に関わり始めた時、当時の計画はわずか二〇〇年先までしか想定していなかったことに驚いたと、一九九四年の論文で告白している。大木の育成にはそれよりさらに数百年先の将来まで計算すべきであることは、一九三〇年代に倉田研究がすでに論証済みであったのに、その指摘は継承されていなかったようだ〔嶺、一九九五、四七六〜

四七九頁〕。

式年遷宮のポトラッチ的性格を視野に入れて再考すると、神宮造替を「持続可能」なモデルとして扱うことで、一つの誤解がつきまとうことがわかる。「持続可能性」とは、今日的である地球資源の絶対的な限界に配慮することを示唆しており、しかも、ポトラッチの精神とは逆の、本質的な倹約あるいは「もったいない精神」を前提とする。過剰の誇示、そして資源の支配と動員力の誇示であるポトラッチは、本来の目的を失わないまま倹約でもあるといった自己正当化は成り立たない。神社と神社の間で、あるいは王権と地域部族間で、また究極的には天皇制国家とその臣民の間で、物質の循環や破壊を通して身分関係が象徴的に再生産されることを基礎に置く社会において、こうした誇示の行為は意味を持つ。ポトラッチは資源の再生と完全に相反するという訳ではないが、しかし再生は常に二次的なものであり、人間社会におけるこうした序列関係を構成し維持する循環にとって、あくまでも背景にとどまるものなのである。

樹齢百年以下の普通の木材だけで神宮の造替を行うという提案があったと仮定しよう。これは実現困難なことではないし、建築の機能面で劣ることは決してない。また外見から全く識別できなくすることも可能だろう。こうした木材ならば比較的容易に再生産できるので、「もったいない精神」をより一層体現することになる。ではなぜ神宮は何世紀にもわたってそうすることに抗ってきたのか。なぜ樹齢数百年あるいは千年以上の材木を求めて、樵たちを神宮領の森から遠くへ、遥か山奥まで分け入らせて伐り出させてきたのか。それはこの労働と資源の膨大な動員自体が目的だったからである。この資源の動員で得られる最大の巨木は、クワキウトルのポトラッチにおいてごく少数のエリートしか持ち得ない貴重な銅板のように、他人の労働と貴重な資源を誰よりも多く動員できるという最高権力者こそが持つ力の誇示である。遷宮の山口祭、伐出、運搬、御木曳、木材仕上げに至る全ての儀式も、労働と資源を動員しうる君主の権力誇示の一部である。この過剰で壮大な演出を持続可能性といった名目で縮小させるようなあらゆる変更は、その主催者たる皇室がまとう力のオーラを減少させてしまう。権力が発するこうしたオーラの維持こそが、俗世界においては造替遷宮という事業の最終目的なのである。

今日の文化的真正性の感覚からみれば、部材の長期保存のために石とコンクリートの土台に神宮の殿舎を据える案を一九〇九年に明治天皇が拒否したのは、この案を提起した大臣より進んだ意識を示したかに見える。樹齢八〇〇～九〇〇年もの檜の老樹を二〇年ごとに伐り出しつづけるほど「古制」と「旧観」に固執した天皇の真意は確定できない。それは、最も貴重な資材を動員することで権力を誇示するという原理を仄めかすかのようだが、無条件の保守主義に過ぎなかったのかもしれない。しかし、千年の老檜が伐られたことを『読売新聞』が一九四一年末に報道した時期には、すでにこの伝統は遷宮の「真正性」の象徴になっていた。すなわち千年もの樹齢を誇る大木が天皇崇拝のために犠牲になることで、一段と尊いものになったのである。さらにこの頃から、完全な循環に基づく伊勢神宮と森林の再生という悠久な関係を根拠に真正性が主張されるようになったが、実際には持続可能な造替システムの構想は明治時代後期まではほとんど考慮されておらず、一九世紀から二〇世紀初めの幾度かの危機を経て集中的な森林育成研究によってようやく描かれ始め、上手くいけば今から三世紀ほど先には実現が可能だろうとされているのである。

第七章　火災と再生の精神

神宮の創設以来、火災はその歴史の一部であった。森に囲まれた木造茅葺で、繁華な町にも近かったことを考えると、神宮がさほど頻繁には焼失しなかったことこそむしろ意外である。『宇治山田市史』は、江戸時代を通じて町で発生した四一ほどの大火を記録している。これはおよそ六年に一度火災があったことになるが、両神宮はこのほとんどの火災を無事に免れている。内宮正殿は江戸時代の万治年間と天和年間の二回、さらに明治時代に一回炎上した。この他に文政年間に町からの延焼で別宮が燃え、本宮は結局無事だったが御神体を守るために正殿から避難させる火災があった。本章ではこの四回の火災を検討する。明治時代の内宮炎上事件は、火災発生時もその後も、江戸時代とはかなり異なることが明らかになる。なぜ、そしてどのように異なるかを、火災事件そのもの、火災についての叙述、事件後に見られる火災対処法の問題、そして広義での火災の持つ意味、という四つの観点から追跡し、近世・近代の神宮火災を考察する。

万治、天和、文政の火災

江戸時代の三回の火災にはそれぞれ固有の特徴がある。消防、そして御神体の救出と保全の問題に注目してこの三回を簡単に紹介しよう。最初の一六五八(万治元)年の火災は他と比べて記録が少ない。宇治町の波田地区より発生し、北西から強風に煽られて宇治橋に延焼、さらに内宮に広がった。消火の術もなかったようだ。現在は宇治橋と内宮のあいだは全て「神苑」の緑地になっているが、当時の参道沿いには商店や神官の宿舎が立ち並ぶ市街地「館町」があった。宇治橋が延焼すると、館町も間もなく火に包まれた。民家四五〇軒に内宮正宮と別宮も「一宇も残さず地を払て焼失す」と記録されている[⑫]。内宮を囲む森も二日間燃え続け、樹木も多数焼失した。この時代の消防技術はまだ原始的で、当時の世界のほとんどの木造市街地と同じように、町の火災は実質的に山火事と何ら変わらないものであった。火災の専門家スティーヴン・J・パインが書くように、「最近まで、都市は根本的に再構築された荒地であった……都市の火は、荒地の火と同じ原理に従って、同じときに燃え、そしてよく似たパターンで燃えた」[パイン、二〇〇三、一九九頁]。

万治元年のこの火災では、神官は御神体を荒祭宮《あらまつりのみや》より北東の山中に移し、神宝の大部分も救出できた。焔がおさまり跡地が清められるまで、御神体は神官に守られて屋外で二日間過ごすことになった。三日目には仮殿が完成し、御神体は遷座されたが、次の式年遷宮まで仮殿にそのままとするか、新しい神宝の製造と殿舎の再建を含む臨時の遷宮を行うかが未解決の問題として残った。大宮司河辺精長《きよなが》は内宮長官に過去のあらゆる先例を引き合いに出して臨時遷宮を主張し、その結果、約二年後に臨時遷宮が行われた[⑫]。

一六八一（天和元）年に再び内宮正殿が炎上した時は事情がかなり異なっている。町の大半が焼けた一六七〇（寛文一〇）年の大火の後、一六七二年に奉行の命により、町ごとに火消道具を置き、内宮近くの町屋を一部撤去して火除地と貯水池を設けることになった。一六七四（延宝二）年になると、神宮火災の際は町ごとに送るべき人数についても指図があり、近在の大名も人夫を提供するように命じられた〔伊勢市編、二〇一三〕。しかし、こうした火災の延焼防止処置を設けたにもかかわらず、天和の火災は内宮から出火した。一二月一三日の夜、宮奉行二人が巡回中に正殿が燃えているのを発見し、「御本宮炎上」と叫びながら町に走った。駆け付けた禰宜たちは正殿の扉を打ち放して、「御正体並び左右相殿《あいどの》御霊」を取り出した。町の人々も駆け付け、神宝を運び出したり水を汲んだり、相殿の屋根に登って火の粉を払ったりして消火に努めた結果、火は瑞垣の外に広がらなかった。禰宜は御神体を本宮と荒祭宮のあいだの木立にある「水の上」という場所まで運び、鎮火とともに本宮に戻した。今回は正殿が焼けたものの、御神体を戻す殿舎が残っていた。近代とは異なり、近世の遷宮では、こうした事故（火災より雨漏りの方が多かった）の際に利用できるように遷宮後も旧殿舎を残していたのである。同日に御神体と救出された神宝は旧殿舎に遷御され、二年後には臨時遷宮が行われた〔㊼〕。

次に火事から守るために内宮禰宜によって御神体が取り出されたのは一世紀以上後のことである。一八三〇（文政一三）年、町の大火が内宮方面に延焼し、宇治橋と館町を再び焼き、内宮にも火が移った。今回は荒祭宮が焼けたが本宮は残った。火事は宇治今在家町の御師宅で発生し、この御師は後に親類預けの処罰を受けたと伝えられている〔㉑四九二頁〕。火の手が荒祭宮まで延びて「恐怖の至に候共」、禰宜は正殿扉を開き、御神体の御樋代を取り出し、風宮新宮（内宮風日祈宮）まで運び、直ぐに納めた[37]。今回も町の人々は消火活動に携わったが、『神宮編年記』によると、街全体が炎上しており、神宮には火消人夫は僅かしか集まらなかった。火消不足にもかかわらず本宮は運よく焼け残り、禰宜たちは神授とばかりに「一同恐悦」した。本宮新殿は被害を免れたので、火が収まると御神体は本来の場所に戻された。

一八三〇年はたまたまおかげ年であり、おかげまいりの参拝者一〇万八〇〇〇人が宇治・山田に来ていたらしい[21]。そのためこれまでの内宮火災とは異なり、この火災のニュースは参拝者の見聞を通じて地元伊勢を遥かに超えて広がることになった。おかげまいりの最も詳細な記録『浮世の有さま』は、この火災を参拝者の立場から、恐怖の対象よりは好奇心や興奮をそそる出来事として描写している。火消人夫は参拝者の誘導などその安全を図ることに手一杯で、消防にはなかなか手が回らず自然消火を待つほかなかったことや、禰宜たちも他に頼る手立てもなく本宮前に集まり祈った、と記している。実際、「ご尤もでござります。お鎮まり下さりませ」と繰り返し唱えられた祈禱は参拝者に可笑しく思われたようで、のちに大坂の街頭で流行り言葉になったという。大坂に戻った参拝者の一人は「火事の手伝に行し迄にて、何も面白きことなかりし」とも語った[19]三三二〜三三三頁]。翌日はまだ完全に鎮火していない樹木を人夫が伐採して残り火の始末をしている最中に、神に感謝しながらも被害の物見に来る参拝者の群れが本宮に押し寄せたともいう。

火災が生む話

神宮神官にとってこれらの火災は確かに危機であった。白日を見ることは決してないはずの本宮の御樋代を正殿より取り出す時がまさに危機的瞬間である。しかし火事のたびに御神体は無事と記録され、それゆえ一層人々の驚嘆を喚起し、神力が再確認される機会ともなった。町の人や参拝者にとって、火災は聖なるものへの接近とその英雄的救出への参加という滅多にない機会であった上に、もってこいの土産話ともなった。神宮火災が生んだ逸話はいずれも、事件そのものの記述以上に、神宮内外の目撃者が時代ごとにこの非日常的な出来事をどう捉えたかを物語っている。

宮域外で発火した火災が本宮を脅かした際に生まれた話の中心は、焼失を免れた奇跡である。御神体が無事だったことは神力の証であり、救出された他の物も神の恩寵の顕れと捉えられた。当時の神官の手によると思われる「万治元年内宮御炎上之事」[12]は淡々とした火災の記述から始まり、火災にまつわる不思議や奇譚を書き連ねている。御神体が屋外にあるうちは雨に降られなかったが、仮殿に遷御後間もなく雨が降り出したことを「奇異なる」話として紹介している。荒祭宮の神を取り出しに駆けつけた禰宜二人は扉がすでに開いているのを発見したが、本殿背後の山から「ここにある」という女の子の声を聞いて驚き、見に行くとそこに御神体が「青紫之葉の上に置奉りて、彼女子は行方を知れず」であり、町で尋ねてもわからなかったと記している。また、本宮の神宝を山の方に移していた時、正殿の中から神御衣《かんみそ》姿の美女二人が神宝を手に現れたという話もあり、しかし「そら目にや」という人もいたともある。本宮正殿の炎上時には異様な色の宝珠のような焔が正殿の大きさほどにもなってたち昇った、あるいは煙の中に日輪のような火焔があがったという記述もある。また火災より二日前の晩に八〇歳ばかりの不思議な老女が「左右の手に火をともし」、本宮に向かっているところを巡回している人が見たが、跡をつけようとしたら姿を消した。天照大神を伊勢に祀った倭姫《やまとひめ》の霊ではなかったかという人もいた、と記している。

近代人の目から見れば、これらの出来事はいずれも容易に説明がつきそうである。記録した人も伝聞として紹介しているが、そもそも神宮の火災は超自然的な文脈で理解されていたので、それにまつわるあらゆる事柄が神秘的な意味を持つと示唆するために綴られたことは明らかだろう。

万治年間の火災記録が奇跡を強調したのに対して、天和の記録はこうした奇譚を避けている。というのも、今度の謎は本宮からどうして火事が起こったかという点にあり、勢い神官たちに疑いの目が向けられることになったからである。先に引用した「天和炎上覚書」の他に、「天和三年内宮臨時遷宮之覚」[48]が火災発生から二年後の臨時遷宮終了までを詳細に記録している。ここには京都の祭主と神宮禰宜とのやりとりが掲載されており、火災の原因は「天火」、つまり自然発火だったか、それとも「盗賊」の放火だったか、どの神宝が焼失したかなどに関する調査を求めた祭主の不満が読み取れる。禰宜からの返事が遅れ、詳細な報告がされないことを「不審之至」と催促している。山田奉行も同様に不審に思い、捜索を命じたが、結局原因は不明のままだった。火事が発覚した夜、本宮の扉は鍵がかかっており、町方でも盗難はなかった。禰宜たちは「誠に先代未聞之珍事」と結論し、以後は追及されなかったようである。「天和三年内宮臨時遷宮之覚」から判断すれば、臨時遷宮の方に関心が移り、出火原因の問題は忘れられたと見える。

文政の火災には奇跡の話が再び現れるが、神官の記録ではなく随筆に登場する。おかげまいりの参拝者の目には、周囲が一面焼失した中で本宮が残ったこと自体、奇跡に映った。近年遷宮があった別宮だけが助かり、遷宮がなかったところでは神は怒って焼失させたと噂され、また膨大な参拝者の中から怪我人は一人も出なかったと伝えられた。『御蔭見聴集』によると、これらの奇跡は「益尊く有難く信向するぞ利なり」と、さらなるご利益があると参拝者に受け取られた〔㉑四九二頁〕。祭主の家臣から今回の火災に関する不思議の風聞について問合せが来たが、禰宜たちは「右一向これ無き事に御座候、外に不思議成儀是又御座無く候」と否定した〔㊳文政一三年四月二七日条〕。今回は、禰宜たちは奇譚や不思議話を抑制すれば自らの対応を問われる理由もなかろうと判断したか、あるいはおかげまいりの大衆に流布する噂話には関わらない方がいいと考えたのかもしれない。

幕府の対応と防火対策

とはいえ、火災後は一定の取り調べは避けられなかった。また、内宮まで延焼した火災は、防火の対処法を再検討するきっかけになるほど珍しいことであった。だが、まさにその珍しさ故に、神宮神官は火災の脅威をそれほど緊急な問題とは考えなかったようだ。少なくとも、宇治・山田の町人と協働して防火対策の改善に取り組むほどには恐れていなかった。宝暦二(一七五二)年に幕府より火の見櫓を建てて番人を雇う新たな入用が通達されると、内宮は近くの慶光院と一緒になって、これまで町入用を免除されてきたのを理由にこれに抵抗した。奉行所は「火用心之為第一之儀ニ候」として、これは一般の町入用と異なり皆で負担すべき特別なものだと再度依頼したが、外宮も町入用から免除されているという理由で内宮が断り、結局奉行が諦め、棚上げとなった〔㉕六六〇〜六六三頁〕。しかし、切迫感に欠けていたのは神宮だけではない。町の火災は頻繁に起こり続けたにもかかわらず、一八五二(嘉永五)年、宇治・山田に竜吐水(火消ポンプ)が一台もないのを奉行が知り、驚いたと記録にある

［宇治山田市編、一九二九、下巻、一五六一頁］。

万治の時も文政の際も町で発生した火災が内宮に延焼したので、いずれの火災後にも、山田奉行は内宮近くの街並みを一部撤去する方策を打ち出している。しかし、宇治橋と内宮の間に広がっていた館町全体は最終的に明治時代まで撤去されなかった。これは徳川幕府の支配の性格をよく表しており、文政火災後の対応は幕府のもとでなし得ることの限界を示している。この時、京都の祭主は館町を更地にして火除地にするよう依頼したが、山田奉行は神官と宇治会合（町年寄）と相談した。会合側は確かに敬神の観点から然るべきことであるが、町屋の者には難事で大掛かりなことはできないと答えた［大西、一九六〇、七三六頁］。奉行、神宮、会合の三者で火除地計画がまとまると館町で噂になり、間もなく町人を代表する月行事《がちぎょうじ》から会合に、計画の撤回を求める住人の嘆願書が届けられた。

尤も御宮火除け地の義は、御太切成る御儀に御座候え共、古来より当町居住のものは、多分御祓商売仕来《しきた》り候に付、替地下し置かせられ候共、宇治橋より下に住居仕り候ては、右渡世仕り難く、難渋仕るべく候。尤も場所明地に仰せ付かせられ候上、地代金下し置かせられ候わば、地主は有り難く存じ候えども、是迄住居仕り候もの共は、仕馴《しな》れ候家業に離れ、妻子渇命に及ぶべき程の儀。

［同上、七三八頁］

奉行は妥協を求め、計画を書き直して館町の商人を納得させるよう会合に指示した。結果として撤去された町屋は一六軒だけで、神宮からは離れたものの館町内での移転となり、町は依然として残った。

この過程と結果は、ジェームス・マクレーンが「交渉による独裁制」と呼ぶ、徳川幕府の特質を示す典型的な展開と言えるだろう[McClain, 1994, p. 131]。庶民は財産権を保有していないとされており、制度上はいつでも土地と財産を取り上げられる状況にあったはずだが、現実には、特に一八世紀以降、幕府が強制的に没収することは滅多になかった。財産権の代わりに、庶民は請願または抵抗を通じて、領主に対して慈悲を受ける一種の権利を主張した。慣習の重みを利用して難儀を主張した館町の商人のように、庶民はお上を説得することができ、結局は土地所有者と同じほど、またここでは京都の祭主に劣らぬほどの発言権を持っていたのである。

火災からの再生とその意味

内宮をめぐるこの事例から、江戸時代における神宮の火災の意味をより広義的に考えてみたい。頻繁に起こる火災は言うまでもなく深刻な問題であった。火災は神宮建築と神宝を脅かすだけでなく、死者が出れば穢れとされ忌み嫌われた。大火災は人々の生活にも脅威であり、火災後は領主が介入して町にも神宮にも支援しなければならなかった。また万治と文政の火災の後では、館町全体ではないが町屋の一部を撤去して火除地が設けられた。

しかし、火災は単に不幸だけの災厄ではなく、町の行政管理問題だけでもなかった。万治火災の不思議話や文政のおかげまいりの人々の興奮が示すように、大火災は奇跡を生む機会でもあった。神宮を脅かす危険はさまざまあるが、これは火災特有の現象であり、頻繁に起こる大雨による洪水や雨漏り、鼠害などはこうした超自然的意義を伴うことはなかった。人が引き起こした火災であっても、そこには強い根源的な力があり、予測も制御もできないその威力は神力を表すかのようであった。

一方で、『浮世の有さま』によると、文政のおかげまいりの前から江戸の民衆は火災を予期していたという。前年に大坂で切支丹摘発事件があり、同じ頃「梵妻」を匿った疑いで僧侶の取り締まりも三〇件ほどあったことから、巷では今度のおかげまいりの影響で「仏法衰え神道の世の中になりしかば、陽気勝って火事あるべし」と噂されていたと記されている。このため、慌てて家財を蔵に仕舞う人もいたとある〔⑲三四二頁〕。この通俗的解釈から、神道の神々は全般的に陽の気と火の力に関わるとされていたということがわかる。

さらに江戸でも他の都市でも大火災は、安政大地震の研究において北原糸子が「災害ユートピア」と呼ぶ状況を生み出した〔北原、一九八三〕。富裕層も一般大衆も同じ目に遭い、共同体意識が強まり、場合によっては強制されるとしても、相互扶助が広く行われる。災害自体は世直しと関連して解釈され、生き残った人は災害からの復興を世の中の自然の秩序が蘇る過程として経験したのである。この現象は江戸の場合、伊勢の大火の前年、一八二九(文政一二)年に起きた大火を梅沢晴峩《せいが》が見事に描いた絵巻〈江戸失火消防ノ景〉(立花家史料館蔵)に見ることができる。火の見櫓からの火事の発見から始まり、町の人々が安全を求め荷物をまとめて避難する場面、さらに猛々しい焔の中を屋根から屋根へと飛び移りながら大胆に消火活動に当たる火消たちが見える。続く鎮火後の場面では、町人たちが焼失を免れた家の畳や建具の入れ直し、近所の火事見舞いなどで忙しくしている。近くでは梯子乗りの行事で火消が技を披露している。最後に、武家屋敷の座敷では二人の武士が挨拶をする一方、門前では主を待つ馬丁が火事話を語り合っている。安堵と秩序が取り戻されるこの平穏な場面で絵巻は終わる。

状況は異なるが、神宮の火災もこれに類似した「災害ユートピア」を想起させる。本宮正殿を焼失させながらも他の殿舎にはさほど及ばなかった天和火災でも、この現象が見える。天和の記録には不思議や奇跡の話はないが、神の恩寵が強調されている。神宮禰宜に不審を抱いた京都の祭主でさえ、自身の不満を表した書簡には、まず御神体が無事であり相殿も残ったことを「大慶これに如かず」と大きな喜びを伝え[⑱三八八頁]、禰宜たちも山田奉行への報告に同様の表現をしている。梅沢晴寝の絵巻にも似て、天和の臨時遷宮の記録も祝福の気分で終わっている。遷宮の終了に当たり、将軍から太刀一腰を奉納するために幕府の役人が参宮し、役人自身も自分の刀剣と「馬代」(馬一頭に相当する価格)の銀を差し出している。これに対して、神宮使は江戸に赴き、幕府役人に返礼としてお祓いと長《なが》鮑《あわび》などの品を贈り、最後に役人側から神宮に礼と祝意を伝える書簡が届いて記録が終わる。

実際、火災後の仮殿遷宮と臨時遷宮は神宮が文字通り灰の中から生まれ出たという意味で、式年遷宮以上に真の「再生」を演出したと言える。天和火災では御樋代や刀剣六腰など神宝の一部は無事に救出されたが、それでも全ては新たに造られ、臨時遷宮に際しては新しい装束神宝と金具を運ぶ馬二〇頭が京都から連れて来られた[同上、三七九頁]。全体として幕府はこの遷宮に六六〇〇石余りを費やした。これは式年遷宮の四分の一か五分の一程度とはいえ大きな金額であった[中西、二〇二〇、三四四頁]。新しい神宝を確認する読合《とくごう》に、神宮、幕府の役人と共に立ち会った山田奉行はその質に不満を評して「悉改直し」を指示している。臨時であっても、費用を負担した幕府側は手抜きを許さなかったのである〔㊽五一八頁〕。多くの遷宮記に見る古物分配はこの覚書に記録こそされていないが、古い御樋代の金など貴重品はおそらく形を変えて流通し、ポトラッチは継承されたであろう。長期的に見れば、直後には次の遷宮に向けた準備が始まるので、仮殿と臨時遷宮でポトラッチはむしろ加速した。中西正幸によると、一四九〇（延徳二）年に外宮で起こった火災の後、外宮に奉納される神宝の数が増えたという。仮殿遷宮で御神体に伴う神宝がなかったため、禰宜は代わりに私物を奉納し、これらの品物も後に神宝の目録に加えられた〔中西、前掲書、三五〇頁〕。式年遷宮に加えて仮殿・臨時遷宮も品物の消費が縮小より拡大の方向に発展しがちであったことは、まさにポトラッチの精神と呼応している。

明治の火災と人々の眼差し

一八九八（明治三一）年に内宮正殿が焼失した火事はその基本的特徴において天和の火事と共通点が多かったが、しかしその記録を見るとこれまで述べてきた近世の火災とは相当に異なるように映る。明治の火災記録が近世のそれと異なる点は、新聞で報道され議論されたこと、そして新聞記者や宇治山田の地域エリートをはじめ火災への反応を表明した人々が新たなレンズを通して神宮を見ていたことが挙げられる。それは近代市民社会の政治と明治維新後に醸成された天皇中心の国家主義の産物であり、そこには火災がもたらす再生の奇跡を祝福する精神が許される余地はなかった。

一八九八年五月二三日の夜中過ぎに神宮司庁参集所の物置から火が出て、まもなく周りの建物と木立に広がり、神官と消防士の努力にもかかわらず正殿の屋根にも火が移った。深夜二時四〇分頃、火がおさまったかに見え、俗人が宮域を穢すことを懸念した宮司は消防士を帰し、自らは休むことにした。しかし明け方四時に、正殿の屋根が再び燃え始めたのに気づく。警鐘が鳴らされ、警察と憲兵隊に引率されて消防士が戻り、旅館客を含めて町の人も駆けつけた。大宮司は御神体を運び出して、六六年前の文政火事と同じく風日宮に納めた。また天和火事の際と同様、一般市民は消防士と一緒になって、神官たちが炎上する殿舎より神宝を救出するのを手伝った〔「神宮炎上」『伊勢新聞』明治三一年五月二四日〕。

この火事を巡りさまざまな噂が渦巻いたが、不思議な出来事や前兆にまつわる話ではなかった。以前とは違って、今回の噂は火事の責任の所在に集中し、これを新聞が扇情的に書き立てたのである。最初の問題は火事自体を誰が起こしたかであった。神宮司庁に柴を届けていた「賤婦」のタバコが原因だと一時は疑われた〔「神宮炎上・火因判然」『伊勢新聞』同年五月二七日〕。その後、六月四日に男性の「小遣《こづかい》」が逮捕され、その告白から風呂や火鉢の炭の燃え残りを物置に貯めていたのが出火原因と報道された。しかしこの時点で責任問題の主な関心は神宮神官、とりわけ大宮司と神宮司庁に向けられていた。杜撰な神宮管理が間接的原因だと主張され、また火災の最中に宮司が御神体を粗末に扱ったと弾劾された。実際、翌春の『読売新聞』には、別の男が逮捕され、放火したことを供述したという記事が載ったが〔「神宮火災に関する罪人」『読売新聞』明治三二年四月三日〕、すでに新聞の関心は他に移っていたのか、その事件の裁判報道は見あたらない。

「天和覚書」にも見られたような一般町人の勇敢な活動も新聞に見られるが、今回はむしろ怠慢な神官の描写と対比して取り上げられた。例えば、『朝日新聞』の報道では神宮を守ろうとする「至誠至実の士民」は羽織袴を着用していないという理由で宮域に入ることを拒まれ、危機が迫るなか垣を乗り越えて神霊神宝をようやく救出できた、とある。さらに、京都からの旅館客が危険を顧みず神宝の救出に当たる間にも神宮司庁員はタバコをくわえ、高下駄でウロウロ歩き回るなど、「其非礼失態は言語に絶す」と締めくくっている［「正殿炎上当時の光景」『朝日新聞』明治三一年五月二八日］。

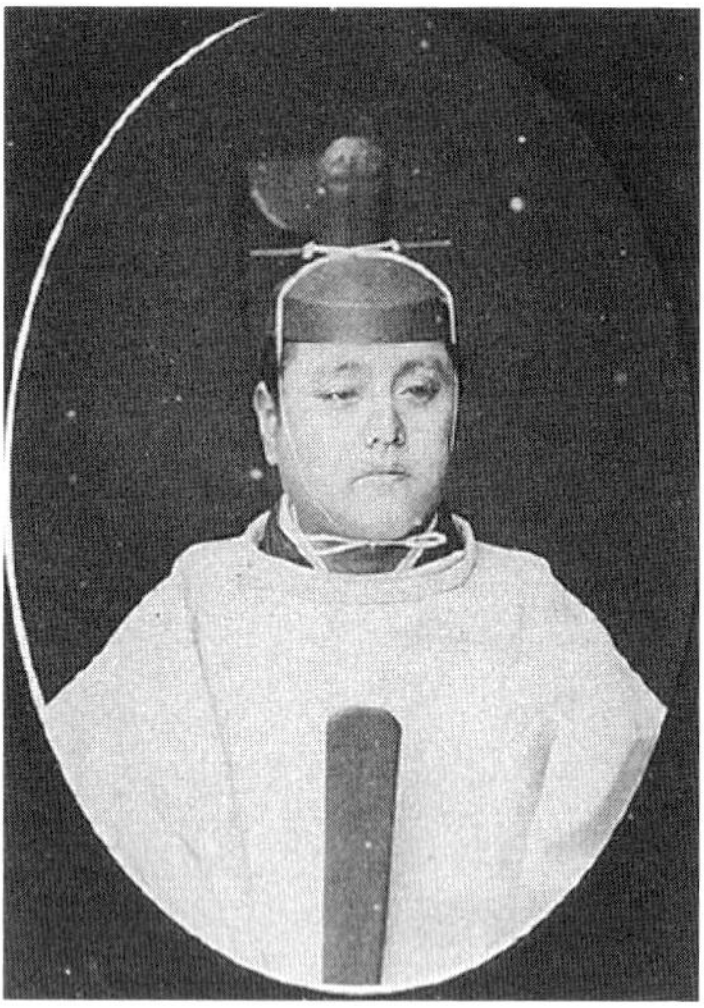

図 7-1　鹿島則文（1839-1901 年）．1884 年より神宮大宮司，1898 年の内宮火災事件で辞職［㊽］．

ある宇治山田市民の考えでは、最も責任が重いのは火災の対策を怠り、火事のさなかに御神体と神宮宮域に対して不敬な態度を見せたと報道された鹿島則文大宮司本人であった（図**7-1**）。『読売新聞』の報道によると、風日宮まで御神体を移す際、前後に守衛もなく「乱雑を極め」、火災後の正殿に幕もめぐらさず剝き出しの状態で数十人の人夫が「頬冠のまま」作業したという。この失態について山田町民が社寺局長に意見書を出した［「神宮炎上と宮司以下の失態」『読売新聞』明治三一年五月二八日］。宇治町民も火災直後に大集会を開き、同じ頃に陳情している［「有志陳情」『伊勢新聞』同年五月二七日］。六月三日になると、宇治山田町会と好友会、合同会、十七の会、という三つの団体が共同で、大宮司の処罰と神宮司庁の改善を内務省と宮内省に要求する陳情書を出している。発起人は銀行家や弁護士を含む地域の新興有力者で、三団体のうち二つは帝国議会の野党議員を後援する政治組織であった［渡辺、二〇〇八］。その反政府の精神はこの場合、国家機関であった神宮司庁に向けられ、神宮司庁を内務省から独立させること、神宮神官を終身制にすること、特別な「神宮護衛兵」を常駐させること、そして神宮司庁の施設と神楽殿を宮域外に移すことなどを要求した［池田編、一八九八、三四～三六頁］。これらの処置は古来の規則を復活し、「神宮の尊厳を保ち以て国家の基礎を確立せしむ」［同上、三四頁］ためのものだと建言した。これらの要請のうち無回答の条項もあったが、後には神宮司庁と神楽殿が宮域の外に建て直され、また世論の圧力で、鹿島大宮司は辞任に追い込まれた。

市民団体の多様な動向と共通言語

神宮司庁施設の内宮外への移築という地元団体の請願は、近辺の建物撤去によって神宮の殿舎を守る試みの長い歴史において、新しい文脈での新たな段階を意味している。一方、神苑会はこれより一五年前の一八八二（明治一五）年に、宇治橋の内側にあった館町の町屋をすでに全部撤去して、幕府ができなかったことを成し遂げていたのである。これも明治維新後に生まれた新しい資本主義市民社会の現れであった。文政の火災後幕府が京都の祭主から館町の小商人まで全員の利害に配慮して、満足な代替地が見つかるまで一軒も立ち退かせなかった時とは対照的に、地租改正施行で確立した土地私有権を用いて、所有者から土地を買い取るお金さえあれば住人を追い出して建物を撤去できたのである。一八八九年に神苑会は神宮司庁の支援と有産階級の募金によって館町の土地を買い取り、整備して内宮「神苑」の一部とした［㉝三一九頁・ブリーン、二〇一五、四八～五三頁］。

これは神苑会にとって最初の大きな業績であった。事業記録として綴られた『神苑会史料』は、町の火災が内宮に類焼する心配を設立の第一の理由として挙げている〔㉝二頁〕。ただ、館町から立ち退かされた住人の運命についてでは、九九五頁に及ぶ『神苑会史料』は触れていない。さらに興味深いことに一八九八年の内宮炎上にも言及がない。炎上翌月の活動として、評議会が開かれ、徴古館建設計画や会員制度などを話し合ったことが記されているだけで、会員が最も恐れていた災難などまるでなかったかのようである〔同上、四四八〜四五〇頁〕。ちなみに同年三月に会のために用意された資料が「神宮司庁失火」で失われたと述べているが、さらなる説明はない。この顕著な沈黙は、おそらく内宮炎上事件が『神苑会史料』の編者にとって居心地の悪い記憶だったことを物語るのではないか。実は鹿島大宮司は創立会員の一人であり、館町撤去と神苑建設のために神宮司庁からの支援金三万円の斡旋もしている〔同上、八〇頁〕。しかも、失火があって宇治山田の市民団体が撤去を要求した神宮司庁の施設は、一八八九年遷宮に際し鹿島宮司の指導の下で内宮に建てられたのである。出火したのが町ではなくこの施設からだったため、一八九八年の火災は神苑会にとって不都合な災難だったのである。

一方に神宮司庁と連携して町の火災から神宮を守るために設立されたという神苑会があり、他方に神宮司庁自体から神宮を守るために団結した好友会などの地元政治団体があった。このことは、宇治・山田という地域社会において明治以降に成立した神宮をめぐる政治的環境のなかから相反する目的を持った市民団体が生まれていたことを意味している。ちなみに、鹿島宮司と神宮司庁を糾弾する団体の指導層に、元御師家の人物が少なくとも三人（浜田国松・古森梅太郎・杉木斎之助）いたことも偶然ではなかっただろう。これらの家は明治初期の神宮改革によって伝統的な地位も生活基盤も失っていたので、御師に代わり登場した国家機関とその官吏を御師家の次世代が強奪者とみなした可能性がある。

内宮炎上スキャンダルの翌年に鹿島大宮司は逝去している。一八八二年に神宮司庁から分離し、以後教派神道の一派になった神宮教院の指導者は長らく鹿島宮司排斥の機会を探っていたと、一九〇四年の『読売新聞』論説が主張している[「神風便り(つづき)」『読売新聞』明治三七年九月一日]。

しかし同時に、これらの市民団体が用いていたレトリックの共通言語も認めなくてはならない。内宮の火災に際して責任を厳しく追及した新聞とともに、これらの団体も皆それぞれ何らかの形で国体護持を自らの純正な任務として主張し、神宮及び天皇に対しいかに自身の忠誠が深いかを競って誇示していた。館町の建物撤去事業は『神苑会史料』では「神徳を顕章し国体を発揮する者、是我が国民の本分に非ずして何ぞや」と唱え、町の出火による「火災の惨害を流《ひ》く、恐悚《きょうしょう》の至ならずや」とその危険をさらに強調している[㉝一～二頁]。内宮の建物の安全を心配するこのレトリックは、神への信心だけではなく、「帝国の大廟」の物的存在自体の保存と称賛は日本国民の義務でありまた栄光であるという、新たな姿勢を反映していた。

国体を守る国民というこのレトリックは神宮神官に対する攻撃にも応用されたが、これは一八九八年火災の前にも見られていた。一八九一年初めのこと、一八八九年内宮遷宮の古材が「公売」によって湯屋に流れ、「不浄なる焚物」に使われようとしているという新聞報道があった。「激昂した」山田市民は十七会の先導で大集会を開き、古材売却を「大廟に対して不敬の極なるのみならず国体に関する由々しき大事なり」と非難し、神宮司庁に説明を要求した。神宮司庁は事実を否定したので、市民側は神宮司庁から指導権を取り上げる新しい神宮典範を求めて東京に代表を送った。宇治山田では、会員は離散した古材を探し集め、台車数台で宮川まで運んで燃やしたが、この時、神官の役割を自ら負い、注連縄《しめなわ》を張って立ち入り禁止の「清浄の地」と定めた。つまり、神宮古材の商品化を阻止するために買い上げ、世俗的な目的に利用されないように、にわか儀礼までした上で、自分たちで費消したのである。この事件を報道した『朝日新聞』は、以前から神宮の取り扱いをめぐっては人々のあいだに政府に対する不満が募っていたと記し、「古儀古例」を変えたため今回の「大失体」に至ったとした。古材を買い上げて燃やすことで市民の感情がやや鎮静化したと報道した(「大神宮古材払下の一件」『朝日新聞』明治二四年三月一一日)。

神力の称賛から忠誠心の競争へ

国体護持の大袈裟なレトリックは、一八九八(明治三一)年の内宮火災が報道され、続いて大宮司が非難される展開を経ていくなかで、国体存亡の危機を表現するレトリックへと発展していった。神宮の火災をこのように解釈する例はそれ以前にはおそらくなかった。同事件のさまざまな反応のうち、近世に多かった奇跡の物語や御神体安泰の祝福は現れず、代わって恐怖、悲嘆、怒りの派手な表現が登場する。五月二五日に火災のニュースが全国に広がるなかで、地元の『伊勢新聞』は社説の冒頭に「天恐地懼、上下惶悚《こうしょう》して殆ど措く所を知らず」と書き、火災を神宮の悲劇、国家の不祥と形容している。国家をこのように汚した者は「鼎鑊《ていかく》も以てその罪を天に償うに足らず」(釜ゆでの刑でも軽すぎる）と社説は続いている（「神宮炎上後聞」『伊勢新聞』明治三一年五月二五日）。

記録に現れる江戸時代の神宮火災は、破壊と再生の事件という認識が示されていた。大火の驚嘆と繰り広げられる神宝救出や消火活動のドラマだけでなく、遺された記録は、神力の不思議、その神力の源泉に接近する機会に遭遇した民衆の興奮、そして日常への回帰の過程を祝福する「災害ユートピア」状況を描写していたのである。これらとは対照的に、『伊勢新聞』と主な都市新聞の報道が伝える一八九八年内宮火災の最も詳細な記録は、スキャンダルの記録であった。

この相違はいくつかの要因によって説明できる。第一に、明治維新によって引き起こされた社会の変化により伊勢神宮の周囲には、神宮司庁のような国家機関のみならず、神苑会や好友会のような市民団体、また新聞といった新たなアクターが登場していた。また、元御師家の場合のように、旧エリートの人物が新時代において新しい役割を探るケースもあった。内宮炎上事件はこれらの新エリートが競い合う起爆剤になった。しかし、そこには対立があったと同時に、全員が天皇制国家イデオロギーという共通言語を用いていた。そもそもこのイデオロギーを育成したのは間違いなく明治国家ではあったが、しかし神宮の神域をめぐる信心深さの競争は国家が演出したのではなく、国家機関は神苑会を支援した省庁のようにむしろ脇役に回るか、あるいは神宮司庁と大宮司のように非難の的になることさえあった。火災に際して国体護持の名目で恐れや怒りを表明することは市民団体の政治目的に役立ったし、新聞の売り上げにもつながっただろう。

こうした声と比べて、国体イデオロギーの根源のはずの国家を代表する役人は無関心に見えた。三重県知事は火災の翌日に洋服姿で内宮に現れ、被害を少しだけ視察して旅館に戻ったと言われ、無気力で不謹慎だとして新聞に批判された。神宮の運営について地域団体が帝国議会に訴えたが、結局は仮殿遷宮のための緊急の追加予算と天皇への天機奉伺以外に神宮火災問題は議題とならなかった[28]。不始末で火災を起こしたと最初に告白した小遣に対して裁判所は二〇円という罰金刑を下した。後に放火罪で逮捕された男の運命については新聞がもはや他のスキャンダルに関心が移って不明だが、「釜ゆで」にはされなかったと考えていいだろう。

このような様々な動きの背景には、神宮そのものの意味の大きな変化が潜んでいた。維新以前は、火災とその後の仮殿遷宮・臨時遷宮は、式年遷宮と同様に神宮を物の流通と循環の場として再確認する出来事であった。自然界における陰陽の気の流れ、参拝者の流れ、ポトラッチを規定する貴重な物資の流れが、神宮の力の源であった。明治の内宮火災後も仮殿遷宮と臨時遷宮が行われ、以前と同じ程度の出費を要したが、火の持つ再生の力はこの時は肯定されなかった。維新後の伊勢神宮は、流通と循環の場の代わりに天皇制の大廟となり、「国体」として体現された大日本帝国の永久不変のモニュメントとなっていた。

第八章　メタファーとしての式年遷宮

世界との対話のなかで

この章では、遷宮そのものの歴史的変遷から転じて、その解釈史に目を向ける。神宮の長い歴史と比べて、遷宮の意味を解釈する伝統は短く、国際的な対話のなかで現在も進化を続けている。伊勢神宮の式年遷宮は海外でもよく知られている。現に今日、世界で最も有名な日本建築は伊勢神宮であろう。しかし、実際に訪ねたことがある外国人はそれほど多くはない。伊勢神宮が世界的に知られている理由はただ一つ、式年遷宮である。「ニッポンに二〇年ごとに建て替えられている聖なる建物がある」という程度の知識だが、これは一種の「インターネット・ミーム」（文化遺伝子、流行）にさえなっている。英語で検索画面に“rebuilt every”（……ごとに建て替えられ）という文字列を打ち込むと、“twenty years”（二〇年）が自動的に補足され、伊勢神宮に関する英語サイトをずらりと出してくる。

式年遷宮はなぜこれほど有名なのか。それは一九世紀末より現在に至るまで、伊勢神宮、特に式年遷宮の意味について日本と西洋の間で、長い対話が行われてきたからである。日本文化の特質、建築保存の理念、近代と伝統の葛藤と調和といった言説のなかで、式年遷宮は比喩として組み立てられ、利用されてきた。この対話の軌跡を追ってみると文化的価値にまつわる各時代の政治力学が浮かび上がってくる。式年遷宮の比喩(国際的な文脈で作られたものなので「イセ・メタファー」とするのが適切かもしれない)の展開は一世紀にわたる。日清戦争の勝利で日本が帝国列強の仲間入りをした一八九〇年代から始まり、経済大国日本の国際的影響力が頂点に達し、そして下がり始めた一九九〇年代に一応の到達点を見せた。また、文化財保護の分野でも、一八九七年に古社寺保存法という日本最初の建築保存に関する国家法が成立し、約一世紀後の一九九二年に日本はユネスコの世界遺産条約を批准した。このように、軍事大国日本の国際的デビューは国内の文化遺産保護制度の出発と重なり、経済大国日本が頂点に達した時期は文化遺産保護制度が国際的文化秩序に入った時期に重なる。そのあいだの百年、伊勢/イセはさまざまな意味を伴って建築と文化遺産の議論のなかに現れた。

そもそも式年遷宮は「文化遺産」の保存にまつわる根源的な問いかけを最も純粋な形で表している。つまり、部材の取り換えは歴史的価値のある建築・構築物の「古さ」と「真正性《オーセンティシティ》」にどのように影響すると理解すべきか。洋の東西を問わず、これ自体は古くからの問題だ。ギリシャ人プルタルコスの「テーセウス伝」(紀元一世紀)によると、神話におけるアテナイの創立者テーセウスが乗った(と信じられた)船はその板が古くなるたびに、一枚一枚取り替えることによってアテナイ市民が保存した、とある。しかしこれにより、テーセウスの船は哲学者の間で永遠の論争の的になった、とプルタルコスは記す。船は同じ船であると論陣を張る者がいる一方で、船は同じではないと主張する者もいた。伊勢神宮にまつわる近代の対話はこれに類似している。伊勢/イセの言説は、さまざまなバリエーションで絶えず新しさと古さ、近代と古代、あるいは歴史的時間と時を超越した普遍性のあいだを彷徨うパラドックスを伴った。

二〇世紀以前に、式年遷宮がなぜ行われるかについて書かれたものはない。たしかに江戸時代には伊勢神宮は学問の対象になっており、例えば内宮・外宮間の長い論争を解決するために、本居宣長は両宮の神について一冊の書物を著した(『伊勢二宮さき竹の弁』一七九八年)。しかし、この本に書かれた神宮神道論では、宣長は遷宮の意味合いには触れていない[15]。また、一八世紀後半に成立した『大神宮儀式解』[42]も、宣長の神宮論と同じく、遷宮がなぜ行われてきたかについては一言も記述がない。だが、これこそ説明の必要もなく伝承される「伝統」の特質なのだといえるかもしれない。

近代の皇国史観のもとで遷宮の歴史的事実はタブーに包まれた。そして同時に、象徴的な意味が求められるようになっていく。明治末期より、学問、大衆メディア、そしてその双方にまたがる言説領域で、遷宮が行われるたびに新しい意味が付加されていった。遷宮はその時代の論者と議論の文脈により、さまざまに解釈しうる融通の利く比喩だったのである。

「国体」を体現する神秘的で厳かな伝統として扱われることもあれば、恒久的な国家的記念物を造ることができなかった日本の「失敗」の象徴として扱われることもあった。日本が軍国として世界の帝国主義競争の舞台に登場した時代には、伊勢神宮の式年遷宮は、物欲を慎む国民的美徳を示すものとして西洋に紹介された。また一九三〇年代、いわゆる「国際様式」を推進した近代主義建築運動が日本にやってきたときには、式年遷宮は日本の伝統の価値観がいかに「近代的」であったかの証しとして解釈される。

戦後の伊勢神宮は民主主義的新日本の国民建築を演じさせられ、一九七〇年代以降の世界文化遺産条約の時代になると、「石造の文明」西洋の建築保存概念に対して日本のユニークな木造建築保存概念をアンチテーゼとして主張するために動員される（西洋にも当然木造建築もあるのだが）。また最近では式年遷宮を「再生可能な資源利用」に結びつけた、いわば「エコなイセ」の環境保護論も現れている。

このように、伊勢神宮は「イセ」として世界に躍り出た。あるいは世界的な文化競争のなかで「イセ」は創られてきたというべきかもしれない。しかし、最も有名な日本の歴史建築でありながら、今も「文化遺産」としては何の指定もされていない。これは二〇年ごとに新しくなるのでユネスコの文化遺産選定基準から外れているせいだと思っている人もいるが、決してそうではない。古い建築遺構を持たない世界文化遺産もある。これほど世界的に知られている伊勢神宮なのであるから、文化庁が登録申請をすれば、承認されないことはないだろう。伊勢神宮の文化遺産指定を阻んでいるのはおそらくそれを奉賛している神社本庁だと思われる。神社本庁から見れば、伊勢神宮は天皇家の「大廟」であり、日本の文化庁、ましてや国連組織が介入すべき「文化遺産」ではないからだ。国家神道の頂点としての伊勢神宮と、世界に誇る「日本建築」としての「イセ」との間には、これだけの大きな乖離がある。

では、式年遷宮の本質的な意味は何か。それは答えのない形而上学的な問いである。仮に天武天皇に尋ねることができたとしても、その答えはただその時代のその人が考えた一つの意味にすぎない。もし遷宮がその後も継承されなかったら、その本来の意味を今日探る研究者はいないだろう。信仰者の解釈もその一つ、建築家の解釈も、また文化遺産言説における解釈もその一つである。あるいは、式年遷宮は絶えず意味を創出しつづけることこそがその本質なのかもしれない。

伝聞による西洋人の誤解

伊勢神宮について日本国内の読者に向けて書かれたものと国外の読者に向けて書かれたものは当然異なる。とくに江戸時代は鎖国のため内外の情報差は歴然としている。前述した『大神宮儀式解』(荒木田経雅著)は近世の記述では最も詳しい著作で、古記録に基づき遷宮の儀式をつぶさに説明したが、その意義についてては解釈していない。

一方、幕末までの西洋人による少数の記録では、神宮についてては間接的、かつ断片的に得た情報に頼りながら、神宮の建築が古いか新しいかについて困惑を示唆する混乱した説明をみせている。神宮を直接見た西洋人はいなかったので、日本人から聞いた説明の誤解もかなりあったようだ。

一六九〇(元禄三)年から一六九二年まで出島のオランダ商館付きの医師として日本に滞在したエンゲルベルト・ケンペルの『日本誌』は、近世ヨーロッパで出版された最高水準の日本記録として有名である。そのなかで、彼は伊勢神宮についてこう記している。

> 平地に建っており、木造の低い粗末なお宮で、屋根は非常に低く、藁か茅で葺いてある。最初に建てられた当時の粗末な原形通りにこのお宮を建てて、この国の最初の住民すなわち、日本人の言葉を借りて言えば、〝初代の人間〟の貧しい暮しをそのまま思い起させるようにするため、並大抵でない苦心をしているのである。
>
> 〔ケンペル、一九七三、三九二～三九三頁〕

ケンペルはまた、「この神宮に関する……私の記述は、この神宮をその目で見た人の報告によるものである」〔同上、三九二頁〕と、自分自身は見たことがないことを明らかにしている。神宮建築の古い形態は大事に維持されていたことを把握していたが、それが式年造替という方法によるものとは理解しなかったようだ。

一七七五（安永四）年から一七七六年の間オランダ商館に滞在していたカール・ツンベルグも同じく神宮を見ていないが、その特殊な伝統を仄めかす簡単な説明をしている。ツンベルグは神宮の古さとその簡素な建築について聞いていたようだ。しかし、神宮造替は理解せず、建物の念入りな維持をむしろその荒廃の証しとして理解した。「この社は多分日本で最も古く又最も小さな社であろう。支えるのに非常に苦心を払っているが、方《まさ》に朽ち倒れんとしている」と記している〔ツンベルグ、一九六六、二六一頁〕。

一八二三（文政六）年より一八二九年までオランダ商館付きの医師だったフランツ・フォン・シーボルトも自分の目で伊勢神宮を見ることができなかったので、以前の記録と日本人から聞いていた情報によらざるを得なかった。一八三二年から一八三四年にかけてオランダで出版されたシーボルトの大著『日本』には伊勢神宮に関する複数の記述があるが、建築には触れていない。シーボルトの著述を中心に、オランダ商館にいたツンベルグはじめ他のヨーロッパ人が伝えた情報を英訳してまとめた *Manners and Customs of the Japanese* には、伊勢神宮は懐疑的な口調で次のような曖昧な紹介をされている。「伊勢の社は特別に簡素で粗末でつつましい建造物であり、実際に大変古いが、言われているほど古いわけではない」[Siebold, ed., 1852, p. 343]。ドイツ語版『日本』には、この文は見つからない。シーボルト本人の言葉なのか、別の人の紀行文によるものなのか、あるいは訳者の勝手な挿入なのかわからない。しかし、伊勢神宮は太古の昔から存在する神社である(と日本で言われている)ことはこの時点の西洋では知られていたが、その古さについては誤解も疑問もあったことがわかる。

そもそも、日本の知識人と密な親交を持ったシーボルトでさえ式年遷宮の制度を正しく伝える記述を残していないことは何を意味するだろうか。必ずしも知らなかったとは限らない。シーボルトも、その情報源となった日本人も、神宮が式年遷宮によって代々建て替えられてきた点に神宮の本質を探ろうとはしなかったということではないだろうか。

見るものもないし、見せてもくれない

明治維新後、外国人も自ら伊勢参りができるようになった。一八八〇年代になると、詳しく描写する英文の日本紀行も刊行された。二〇世紀初頭には、伊勢訪問のための列車の時刻表をはじめ詳細が掲載された英文の旅行案内書まで出ている。しかし伊勢神宮が西洋人の観光旅程に組み込まれるにつれて、神宮の印象を形容するのに〝disappointing〟(がっかり)という言葉が、訪問者の記述に頻繁に登場するようになる。手のこんだ装飾を欠き、スケールも壮大でなく、その奥を聖なる区域として神官と皇族以外には立ち入り禁止にしていた伊勢神宮は、ヴィクトリア期の観光客には退屈で満足できない名所として映った。一九〇一年、それまでで最も詳しい日本ガイドブックを著したバジル・ホール・チェンバレンは読者にこう忠告している。「観光客はがっかりして……〈見るものもないし、見せ

てもくれない〉と結論付けるかもしれない」[Chamberlain, 1901, p. 302]。

チェンバレンがこの忠告を書いた時には、すでに「がっかり」という意見は常套句に近いものになっていた。イギリスの外交官、アーネスト・サトウは伊勢を実際に訪ねて書いた最初の西洋人だったが、一八七四(明治七)年の『アジア学会誌』で、神宮の建築を「その単純さと僂さの点で失望させる」と形容した。サトウにとって、式年造替も失望を説明する一要因であった。「日本建築の朽ちやすい性質から、当然のことながら当初の建造物が今日まで維持されることは不可能であり、実際有史以前の頃から二〇年ごとに、隣接する二箇所に交互に建てなおす慣わし」になっていると書いている[サトウ、二〇〇六、二五二頁]。

一八七八(明治一一)年に伊勢を訪ねた探検家イザベラ・バードはこの失望感についてさらに厳しい表現をしている。神宮との出会いをつぶさに記述しながら、観光名所としての「失敗」を強調することで、暴露された裸の王様のように皮肉に描写した。

ここには何もないし、すべてのものは……NOTHING《原文ママ》に通じる……伊勢の中心まで神道を追いかけてきていたら……その至聖所はとくに興味を引くが、ここもまた失望以外には何もない。

[Bird, 1880, pp. 275-277. 著者訳。バード、二〇一三を参照]

バードも、サトウと同様に、神宮が二〇年ごとに建て替えられるという事実を、思い出して追加したかのように、最後に記述している。

井上章一は『伊勢神宮——魅惑の日本建築』で、伊勢神宮を見て感動しなかった他の外国人の事例も挙げて、西洋人は伊勢神宮を野蛮な建築として「あなどっていた」と解釈している[井上、二〇〇九、一六二頁]。しかし、ここに引用した旅行者たちの「失望感」は、それとは若干異なる立場から生じていたように思う。伊勢神宮は明治以前から日本最高の聖地として噂されていたが、その実態は国外ではあまり理解されていなかった。行ってみるとなんとも質素なもので、ヨーロッパの大聖堂、あるいは奈良の東大寺、日光の東照宮などの豪華に飾られた、あるいは壮大な規模の宗教建築と比べて面白みが少なかった。これに加えて、社殿が新しかったことは古建築の保存が盛んになっていた当時の西洋から見ると、神宮の魅力をさらに減じさせたのだろう。

例外の一人は、一八七六～一八七七年に来日したスコットランドの工芸デザイナー、クリストファー・ドレッサーであった。ドレッサーは神宮の建築と佇まいを誉め、式年遷宮と伊勢参りの長い伝統を「とくに感銘を与える」と評した[Dresser, 2001, p. 166]。イギリスにおける近代デザイン黎明期の芸術運動に貢献したドレッサーが、伊勢神宮を見て感動したことは示唆的である。後に、神宮の建築は近代主義運動のなかで再発見されることになり、式年遷宮も新たな意味が与えられることになる。

近代化と日本人建築家の眼差し

日本最高の聖地がヴィクトリア期の観光客の間で一般的に不評だったこと自体は、国内ではとくに重大な意味を持っていたわけではなかっただろう。だが、神宮のこうした不評は、西洋建築教育が日本に導入された後の日本人建築家第一世代を悩ませた大きなジレンマの一端であった。それは、露骨に言えば、日本は「建築」を持たないという評価である。少なからぬ西洋人がまさにこんな露骨な言い方をしたのだ。すなわち、石造建築の伝統を持たない国は恒久的な記念建造物も持たない、さらに、イギリス王室建築家協会の一員が一八七八年に判断したように、恒久的記念建造物を欠いた日本は「われわれが理解する意味での建築も、永続する様式もなく、壮大な構想を代々残る形に表しえたことは一度もなかった」[Spiers, 1878, p. 210]。また、建築史学の権威ジェームズ・ファーガソンは著書『世界建築史』で、日本人は「おそらく人類のなかで建築する民族には含まれていないのだろう」と述べ、日本列島の「科学的調査」はまだ不十分だが、その建築に関して現在得ている情報は「きわめて失望させる」という評価をした[Fergusson, 1876, p. 710]。

明治国家が西洋技術教育のために作った工部大学校(東京大学工学部の前身)の第一世代を教えたイギリス人ジョサイア・コンドルも、石造の記念建築がなかったことと首都が頻繁に大火に襲われていたことから、日本の建築の伝統は全体として脆弱性を特徴とする、という意見をイギリスの同僚と共通に抱いていた。コンドルは日本の家屋、庭園、そして芸術に高い関心を持っていたが、大陸から伝わった仏教建築を滅びやすい土着の建築より建築史学上重要だと考えた。技術史研究者グレゴリー・クランシーが指摘するように、一九世紀後半の日本がイギリス中心の建築教育カリキュラムを採用したことは不幸だったともいえる。例えば北米であれば、イギリスとは異なり、まだ木造の都市が多かったからである[Clancey, 2006, pp. 16-17]。

世紀末には、日本建築史学の第一人者で日本最初の復元建築家でもあった伊東忠太でさえ、来たるべき将来には神社建築も煉瓦や石で造られるべきだと主張していた[丸山、一九九六、一二一頁]。一八九九年にはヴェルサイユ宮殿にならったネオバロック様式の、鉄骨、煉瓦と大理石による赤坂離宮の建設が始まった。国家のために永続する建造物を設計することが新制度における「建築家」の職分そのものだったので、二〇世紀までは日本の建築家は伊勢神宮について語ることが少なかったのは不思議でもない。

伊東はすでに一八九八年より造神宮技師の役職で伊勢神宮の経営に携わっていたが、神宮が雨漏りをした事件で咎めも受けていた。このこともあって、古式の構造を嫌った[同上、一二〇～一二一頁]。しかし、時代の風雲は徐々に変化していた。第六章で紹介したように、一九〇九(明治四二)年の式年遷宮に際して、内務大臣子爵芳川顕正と宮内大臣子爵田中光顕の二人は、二〇年ではなく二〇〇〇年間耐用可能なように、土台を石とコンクリートで造ることを提案したが、これは天皇自身によって拒否された[⑲八〇二頁]。一九一四年に、伊東は明治神宮の設計を依頼されるが、このときから神社には木造の伝統工法がふさわしいという立場に変わる。

二〇世紀初頭には、式年遷宮に対する新しい観点が生まれるが、それは建築学や建築史学の分野からではなく、海外へ向けて日本を擁護する文明論の文脈で現れることになった。一九世紀の終わりまで、多くの西洋人にとって日本は遠くにある不思議の国だったのである。突然にして帝国列強競争の舞台に立つことになり、その不思議の説明が急務となった。日本の「至聖所」をめぐる対話は戦争によって新しい段階に入ることになる。

日本民族の「仮の宿」

伊勢神宮式年遷宮の意味を説明する新しい論調が生まれたのは、日本が軍事大国として新たな姿を現し、植民地領土を拡張し始めた日清・日露戦争の時代であった。当時英語で書いていた最も有名な日本擁護者のラフカディオ・ハーン(小泉八雲)と岡倉覚三(天心)は、いずれもこの時期、日本文化を説明するなかで伊勢神宮の式年遷宮を取り上げている。しかも、どちらも日本が戦勝で世界から注目されていたときに著作が出版され、また両者とも明治時代の建築家にとってジレンマであった「永久的建築が欠如している日本」という解釈を転じて、むしろ非永久性こそ日本の国民文化の最高の美徳として読み替えたのである。

一八九五(明治二八)年一〇月の *Atlantic* 誌に掲載されたハーンの"The Genius of Japanese Civilization"(「日本文化の真髄」)は、日清戦争での勝利をどう説明するかという問いで書き始めており、その答えを"the race ghost"(民族精神)、つまり日本の国民性に見出している。日本がアジアで急激に軍事的優位に立ったにもかかわらず、その文化の核心にはさほどの変化はないと読者を安心させ、さらに日本人は生来倹約を重んじ、人生の儚さを知る心を持っていると説いた。ハーンは伊勢神宮の式年遷宮をその典型例として取り上げ、つまるところそれは日本民族の力であるのみならず、"weaknesses in our own civilization"(わが西洋文明の弱点)を暴き出してもいる、と結論付けた[㉚三一八頁]。要するにハーンにとっては、日本、そして質素で定期的に建て替えられる最高の宗教殿堂は、文明の新たな模範、あるいは高潔なアンチテーゼを提供したのだった。

それから一〇年、大日本帝国の次の戦争後、岡倉も同様に、式年遷宮を日本(あるいは、岡倉の汎アジア主義的レトリックでは「東洋」）独自の人生哲学の表れとして解した。ボストンの聴衆を前にした演説をもとに英語で書かれ、一九〇六年にニューヨークで出版された岡倉の『茶の本』も、軍事的優位に立った新日本を民族や伝統文化から説明した。岡倉は式年遷宮を数寄屋の儚さと重ねつつ、どちらも主亡き後はその住居を捨てるという神道の伝統に基づいているとし、そこには「人は各自独立の家を持つべきである」という信念があると説明した〔岡倉、一九六一、五七頁〕。岡倉はこのように、エキゾチックで「失望させる」伊勢神宮の建築伝統を、日本人は「個人の住宅所有を重視する」という主張につなげたことで、その説明がニュー・イングランドの聴衆には馴染み深く響いたに違いない。岡倉は相手を読むのに長けた雄弁家でもあった。

日本帝国主義を弁明するこのような「国民性」論においては、伊勢神宮は日本全体の「仮の宿」として機能し得たし、遷宮は日本人がどのような民族かを西洋人に知らしめる事例になり得た。これはそれまでにはなかった遷宮の解釈であり、その論理は換喩であった。直接には表現されていないが、日本帝国という新興勢力の台頭を正当化する文脈であり、ハーンのこの文化的解釈は換言すれば、日本は西洋諸国のように単なる領土獲得の目的で帝国主義に参画するのではない、そのような物欲を持たない、という主張である。一方で、岡倉は、人はみな自分の住まいを所有すべきであり、日本の住まいはアジアである、と示唆しているかのようである。

国家神道の聖地とはいえ、現在では美しく保護された純然たる自然の美観で知られている伊勢神宮は、靖国神社のようには「軍事帝国」を連想させないが、日露戦争後に神宮を訪れた人は日本の帝国主義戦争を誇示する具体的証拠を発見することができた（**図8-1**）。一九一四年版の英語ガイドブック

奉献内宮太廟日露戦役記念砲
The Gun of the Russian warship(now our's)presented to the Shrine at Ise.

図 8-1　「奉献内宮太廟日露戦役記念砲」絵葉書．内宮境内にロシアから分捕った大砲三門が堂々と展示されていた．

には、旅順で鹵獲《ろかく》したクルップ社の大砲やその他の「支那人と露西亜人との巨大な戦いが偲ばれる恐ろしい遺品」を内宮入口で見ることができる、という記述がある［Terry, 1914, pp. 603-604］。「非永久性の美徳」言説とともに、これも帝国時代の伊勢神宮の側面であった。

日本建築史学と式年遷宮

ハーンと岡倉が式年遷宮を日本の国民性を表すメタファーに仕立て直していた同じ時代、建築史学が日本において初めて固有の研究分野として成立し、歴史的建造物を保存修復する組織的基盤ができつつあった。一九〇三（明治三六）年に日本初の建築史学教授になる伊東忠太は一八九〇年代より日本の建築様式の系譜を描き始めた。一九〇一年に三回に分けて『建築雑誌』に掲載した「日本神社建築の発達」は神社建築を扱う最初の体系的研究である。

ヴィクトリア期西洋人訪問者の紀行文と同じく、伊東のこの論文も式年遷宮を微妙な失望感で記述している。伊勢を含む神社一般は、頻繁に建て替えられてきた結果、時代区分が困難だったからだ。神宮の建築についても、伊東は「改築される度毎にどうしても何分かずつ形式が違って来るのは勢止むを得ない」とし、「僅かに今日の形を以て古代のものを推測するに過ぎない」と懐疑的な見方をしている〔伊東、一九〇一、四頁〕。建築史学にとっては、やはり不変の遺構に代わるものはなかったのだ。「延暦の儀式帳に載て居る所と、今日現に見る所とを比較して見ると、容易に其差異を発見するのであります」〔同上、一一頁〕と書き、伊東はこの論文で、憚ることなく神宮の変遷を認めた。後に彼は、式年遷宮をユニークな日本の伝統として擁護するようになるが、二〇世紀初頭の日本建築史学にとっては、「進歩した」国の仲間入りができるように、日本も固有の様式的発展の歴史を有するということをどのように立証するか、世界建築進化の樹系図における低くて短い枝から、つまり停滞している「アジア的」な国の範疇から、どうやって抜け出すかが急務であった。周期的造り替えの循環は線形の建築進化論の構築には役に立たなかったのだ〔フレッチャーの建築進化論と伊東忠太の再構築については、村松、一九九三を参照〕。

二〇世紀初めに日本国内の文脈で伊勢神宮を論じた知識人のなかには、神宮を近代国民国家日本の有用な象徴として扱う論者も当然いた。国体イデオロギーが思想界に浸透するにつれて、天皇中心の国民国家を理想的に体現した場として描く解釈が多くなっていく。ところが、こうした立場からの解釈は概ね、ハーンと岡倉のように式年遷宮の伝統から日本の国民性という意味合いを導き出すことはなかった。例えば、一九一五(大正四)年に刊行された『伊勢神宮と我国体』において、神道哲学者の廣池千九郎は、神宮の本質、ひいては日本帝国の本質を「欧米諸民族の物質主義」に対する日本文化の「精神主義」に見出したが、この特長を神宮の式年遷宮には関連付けてはいない。遷宮については、廣池はむしろ伊東忠太と同様に、実証史学的用心深さで語った。中世の戦乱のなかで式年造替が途絶えたことにも触れ、遷宮に伴う造替工事と儀式の歴史的変化を認め、結論として、「古来多少の変遷ありと雖も、大略、大同小異という事を得べきに似たり」とかなり遠回しの表現で評価している。廣池は神宮が日本の精神にとっていかに重要であるかを強調しながらも、造替の伝統それ自体を一つの価値としては解釈しなかったのである〔廣池、一九七五、二七六～二七七頁〕。

神宮と式年遷宮に関する建築史学分野の議論において、国体イデオロギーの影響は次第に色濃くなっていく。伊東は一九二〇年代以降、伊勢神宮の様式名として「神明造《しんめいづくり》」の頭に「唯一」という二字を追加し、他の神社と分類法上の区別をしている。伊東の同輩、関野貞は同じころにその様式を「人類最初の建築」と説明し、式年造替のおかげで「吾人が祖先が二千年近くも前にもっていた素朴幼稚な構造を目のあたりに見ることができるのであって、世界いずれの国にも無き所の奇蹟である。これは畢竟、我が森厳なる国体の賜物である」と書いた〔関野、一九九九、八八頁〕。この見方を支えるには、変遷という歴史的事実にもかかわらず、神宮は代々変化なく建て替えられたことを強調する必要があった。国体の忠実な擁護者として、関野は神宮を万世一系の皇統の表れとして理解したが、同時に建築史家として式年造替の意義は古代建築の幼稚な構造を示すところにあるとみなした。

昭和の遷宮と内外の対話

一九二九(昭和四)年の遷宮は神宮を取り巻く近代的言説が成熟し、国内外の対話も密になってきた段階で行われた。当時の代表的英字新聞 *Japan Times* は、遷宮の諸儀式を一面記事で大きく報道した。同紙の社説は、ハーンと岡倉が打ち出した「仮の宿」説をさらに広く応用して発展させたものである。

明治維新以降に行われた遷宮も英字新聞で取り上げられていたが、その文化的意義についてのコメントはなかった。一八八九(明治二二)年の遷宮に際しては、週刊紙 *Japan Mail* (*Japan Times* の前身)は儀礼のために皇室が献上する「"gohei"」(「御幣」を指すか)の額は二万五〇〇〇円もの高額であると報道し、このことからも「行事の荘厳を察し得よう」と加えた["The Approaching Ceremony in Ise," *Japan Mail*, Sept. 28, 1889]。だが神宮の建築が建て替えられたことには言及していない。次の一九〇九年の遷宮は *Japan Times* の数回にわたる詳細な記事で説明されたが、この時も造替はあまり注目されなかった。実際、遷宮の伝統をすでに知っている読者でなければ、二〇年ごとに建て替えられることをこの連載記事から読み取ることさえ難しかったのである["Removal of the Ise Daijingu," *Japan Times*, Oct. 1, 1909. "Ancient Festivals at the Ise Shrines," *Japan Times*, Oct. 3, 1909. "Festivals at the Ise Shrines," *Japan Times*, Oct. 5-6, 1909]。

日清・日露戦争期にハーンと岡倉が伊勢のメタファーを展開したように、一九二九年遷宮では、*Japan Times* が掲載した社説も直近の災難との関連で遷宮を解釈した。社説は "Permanence in Impermanence"(「非永久性のなかの永久性」)と題されたが、ここでいう災難とは関東大震災であり、東京はまだ関東大震災からの復興途上であった。社説では、日本人は life spirit（生命精神）の永久性を認識しているから、永久の構造物を必要としないと述べ、「日本人のこの精神的識見がその回復力の秘密である」という判断を示した上で、こう続ける。

物質は本質の表現に過ぎないということを理解している民族にとって、かつての大災害の時に起こった横浜と東京の壊滅も、春の雨で再び咲く花を萎れさせた嵐に過ぎない。伊勢大神宮の建物が二〇年しかもたないのなら、都市の一つや二つが破壊されても構うことがあろうか。

［"Permanence in Impermanence," *Japan Times*, Oct. 3, 1929. 著者訳］

式年遷宮を、忍耐強さと現世にとらわれない国民精神（関東大震災によって失われた多くの人命は言うに及ばず、なのか）の表れとして利用する論調は、明治期の英文で書かれたかつての「イセ」論にみられた impermanence（非永久性）という解釈を敷衍したものだった。

ところがこの時は、日本人読者にもこの論説が間もなく伝わった。数カ月後に雑誌『史苑』において、神道学者小林健三は、この社説を数ページにわたって原文のまま引用し、礼賛しつつ解釈を加えているのである。英語の解釈と日本語の解釈がここに完全に合流しているように見えるが、しかし実は、この論文でも双方の見解は最終的に微妙にずれていた。なぜなら、*Japan Times* の社説は、無常観に基づく国民文化の証拠として式年遷宮をとらえているのに対し、小林はむしろ神宮そのものの特異性により大きな意味を見出したからである。小林は、まず社説を引用した上で、中国の観光団が伊勢の大廟を見てその粗末さを軽蔑したという逸話を紹介し、日本の天皇は威厳を誇示する記念建造物などは必要としないが、「そういう心持というものは朝鮮人や支那人にはさっぱり分かろう筈もない」と主張した。式年遷宮には「敬神崇祖」と「報本反始」という言葉に現れる日本人の道徳がある、と小林は結論付けた［小林、一九三〇、五一〜五六頁］。つまり、遷宮は他のアジア人には理解不能な日本国民と天皇との関係を意味し、小林にとっては、西洋人がこの聖なる伝統を肯定していると *Japan Times* の社説が示している点こそが重要なのであった。

このように「伊勢／イセ」のメタファーは、国内外の対話を伴いつつ展開したが、その意味も役割も言語と文脈によって異なっていたのだった。

モダニズムとの遭遇

第五八回遷宮は、穏健な「幣原外交」全盛時の一九二九（昭和四）年に行われた。第五九回は一九四九年に予定されていたので、日本の大陸侵略、日中戦争から太平洋戦争までの戦時下では遷宮は行われなかった。しかし遷宮こそなかったが、一九三〇〜四〇年代は遷宮論にとっても、伊勢神宮そのものにとっても、重要な時期であった。

バウハウスの建築家ブルーノ・タウトの来日（一九三三年）を機に、「伊勢／イセ」をめぐる東西の対話は、国民性の文化論から建築の分野に戻り、より密な交流のなかで展開する。バウハウスの「国際様式」は当時の日本建築界に浸透しつつあり、そのためタウトは歓迎され、彼の意見も重視された。受け入れ組織の日本インターナショナル建築会はタウトをまず桂離宮に案内した。数カ月後に伊勢神宮も訪れたタウトは、この二つの建築を中心に独自の日本建築発達説を組み立てた。桂と伊勢を「天皇文化」と称してその純粋性を賞賛する一方、日光東照宮を「将軍趣味」と呼び、中国輸入のキッチュとして非難したのである。

しかし、川添登が指摘するように、タウトが伊勢で何を見たのか、また見たものだけが彼の反応を決定したのかは確認し難い。四年前に建て替えられたばかりの神宮を見たのだろうが、内宮外宮とも正殿は垣に囲まれ、建物全体は見られなかったはずである。にもかかわらず、タウトの日記は垣には触れておらず、のちには外宮が特に優れていると言っている〔川添、二〇一〇、一一八～一一九頁〕。タウトの印象は神宮の写真にも影響されていたかもしれず、またこの時期、桂離宮や伊勢神宮など日本の伝統建築の「近代的」簡素さを讃える日本人建築家は増えていたので、その影響もあっただろう〔井上、二〇〇九、一四七、一九五頁〕。

一九三三年から三五年までタウトは日本で講演をし、複数の雑誌に寄稿もした。桂離宮と伊勢神宮を世界建築への偉大な貢献として高く評価したことは広く知られ、戦前に長期の日本滞在をした唯一のバウハウス建築家だったので、彼の言葉はモダニズム建築の総本山を代表するものとして影響力を持つことになった。タウトを通じて、伊勢神宮は日本内外の建築家の間で傑作と見なされるようになり、現在に至るまで頻繁に引き合いに出されている。こうして神宮建築の単純な構造と形態は、モダニズムの原則を介して機能美として読み直された。

一九三五年に伊東忠太は伊勢神宮に対するタウトの意見を引用しつつ、明治期の西洋人が神宮の建築を貶《けな》した時には日本人も頷いたのに、今度タウトが讃えるのを聞くとそれにも然りと言っている、と茶化した。同年にタウトは伊東のこの発言に触れ、彼の「至妙の東洋的皮肉」を喜んでいる[同上、一五三頁・Kestenbaum, 1996]。一九四一年に文部省主催の講演で、伊東は聴衆がすでにタウトのことを知っていると想定した上で改めてこの逸話を語り、タウトの本を買うよう勧めている[伊東、一九四一、二二五〜二二七頁]。

植民地帝国と神社

これより一世代前ならば、日本の建築家は来賓の訪問先に伊勢神宮を入れるのを重要とは考えなかっただろうが、一九三〇年代になると建築家の考え方が変化していただけではなく、日本社会全体で神道に対する意識も高まっていた。実際、タウトは空前の神社ブームの最中に来日したのであった。その発端は一九二〇年に完成した明治神宮造営にある。そして二六年の昭和天皇即位、二九年の伊勢神宮式年遷宮でさらに高揚し、三〇年代には国幣社の創建や施設の大改造が矢継ぎ早に続き、一九四〇年の紀元二六〇〇年祝賀の様々なイベントで頂点に達した。これには夥しい数の国民が動員された。例えば一九三八〜三九年に行われた奈良県橿原神宮の整備には、約一二〇万人が勤労奉仕したと記録されている[Ruoff, 2010, p. 63]。

かつて神社局長の職にあった吉田茂(後の首相とは別人)は一九四二年の座談会において、明治神宮造営という「神社界の大革命」以前の状況がどれほど違っていたかについて、「それ迄は各神社とも申さばほんの形骸だけを止めて居って、国民崇敬の魂と云うものの上に於ては、大いに欠くる所のあるような点もあった」[㊴八八頁]と振り返り、明治神宮を建てても参拝者が来ないのではと案じて、当時の内務大臣原敬が「神社奉祀調査会」を設けて審議した、とも回想している[「調査会」については、山口、二〇〇五と今泉、二〇一三に詳しい]。同じ座談会で、一九三一年から神社局長を務めた石田馨は、満州事変の年から思想の「大転換」が起こり、神社造営に拍車をかけたと指摘し、「伊勢神宮宮域の整備拡張……熱田神宮の修理、橿原神宮の整備、宇佐神宮の修繕と云う風に段々と次々出て参りまして、大分大きな金額にな」ったと語っている[同上、九四～九六頁]。

日本の植民地にも同様の大掛かりな神社造営がこの時期に進められた。台湾神社は一九三五年よりその敷地を三倍まで増やす整備計画に着手し、また朝鮮における神祠の数は一九三五年から四三年までの間に二〇〇余りだったのが九〇〇以上に跳ね上がっている[青井、二〇〇五年、一七三～一七七、一九三頁表]。

これらの事業の多くは神社施設を新たに造るものであったが、しかし日本を世界最古の国家として誇示しようとした紀元二六〇〇年記念行事自体が表しているように、国体の古さを確認したいという願望と不可分であった。この風潮のなかで、伊勢神宮を語る日本建築史家も永遠性を強調するようになった。一九二九年の遷宮に臨み、伊東忠太は遷宮の精神的意味をこう説いている。

万世一系の国体の尊きを知り、我が国文化の発達の歴史を考えて……神代ながらの森林の中なる御敷地、神代ながらの清浄なる社殿、神代ながらの森厳なる大儀、身は此の神代ながらの雰囲気の裡に浸されて潤然として浄化されるを覚ゆるのである。 [伊東、一九四二、二二三〇頁]

神代の昔にさかのぼる歴史は、同時に植民地帝国の正当化にも利用された。青井哲人によると、朝鮮の神社は国幣社列格とするために「太古悠遠の時代、半島の開発経営に当た」ったとされた「国魂神」を合祀することが条件であったという。朝鮮半島は近代の日本人ではなく古代の神が植民地化したというこの神話は、この時代の「内鮮一体」イデオロギーを支えたのだった［青井、前掲書、一九四頁］。

アヒル・ウサギ問題

タウトは伊勢の建築とともに式年遷宮も誉めているが、そこには以前の遷宮論とは異なる意図があった。一九三七（昭和一二）年に日本国内で英語で刊行された著書 *Houses and People of Japan* において、タウトはまず「実は、この現象の神学的な側面はまったく重要ではない」と、当時の日本人の論者が強調していた点を退け、遷宮の概念をこう記す。

> 宗教儀式も永遠に絶えない参拝者の流れもその存在の生きた証であるのみならず、この神社はさらにもうひとつ、その実践、意図と認識においてまったく独創的な、生きた特徴を持つ。それは、この神社はいつも新しいということである。
> ［Taut, 1937, pp. 143-144. 著者訳］

近代主義者の立場にふさわしく、タウトは新鮮さと独創性を遷宮の中核に据えたが、この「永遠に新しい」という神宮観は、関野貞や伊東忠太のような日本の建築史家の見方の対極をなしている。関野や伊東にとって遷宮の重要性は、古代の形式を伝える点に、つまり「永遠に古い」点にあるのだった。「永遠に新しい」と「永遠に古い」とは無論、表裏一体ではあるが、永遠に継続してきた「国体」が日本の国家イデオロギーの基礎をなしていた時代に、この二つの観点を同時に受け入れるのは困難であった。式年遷宮はむしろ、ヴィトゲンシュタインが論じた「アヒル・ウサギ問題」に似たもの、つまり二つのもののうちどちらも表象しているように見えるが一度に両方が見えることはない、という問題であろう（**図8-2**）。

図8-2　ヴィトゲンシュタインが説いた〈アヒル・ウサギ〉．どちらにも見えるが一度に両方に見えることはない．

実は、戦前広く読まれたタウトの著書の日本語版には「神学的な側面はまったく重要ではない」の箇所はなく、神宮がいつも新しく独創的という指摘も、英語版ほどは強調されていない。代わりに、遷宮は神宮を維持する国民の努力の表れとしている〔タウト、一九三四、二一〇頁〕。タウトは自身の日本建築論をすべて英訳か日本語訳で発表し、生前に母語のドイツ語で活字にすることはなかった。時代状況から日本語版はかなり意訳されたと考えてよいだろう。

伊東はタウトに「大神宮様を見てどう云う点をそんなに感激したか」と尋ねたところ、その「純真無垢」の形と材料と構造だと答えた、と一九四一年の講演で語っている〔伊東、一九四一、二二七〜二二八頁〕。「国民性」がテーマであったこの時の伊東の講演は、タウトの遷宮論にも神宮建築の新鮮さにも触れていない。またハーンや岡倉覚三のように式年遷宮を日本人の非永久性への特別な感性と関連づけることもなく、むしろ古代の形式を保っていること、国民に支えられていることにポイントを置いている。伊東によれば、中国は時代ごとに皇帝が替わり、皇帝の祖先を祀る廟は「君主の私有物で国民とは全然没交渉」なのに対し、持統天皇の時代より「連綿として伝わっている」遷宮のおかげで、日本の皇祖皇宗の大廟である神宮にいまも参拝ができる。「こんな目出度いことは世界中のどこにもない」と感嘆する[伊東、前掲書、二九〜三〇頁]。つまり伊東は、タウトの伊勢神宮論を評価して引用しつつも、最後までタウトがウサギを見たところにアヒルを見ていたのである。

戦後初の遷宮

戦争と占領を挟んだ一九五三年の第五九回式年遷宮は、一九二九年の五八回遷宮とはかなり異なる国内外の情勢のなかで行われた。この五九回遷宮については不明な点がいくつかある。用材の謎については第六章で触れた。また、一九四九年に予定されていた遷宮は四五年一二月に昭和天皇が中止を発表し、結局四年遅れて行われることになったのだが、まず、どのような経緯でこの重要な決断に至ったか。国の厳しい経済状況を鑑みて延期したという説明が一般的だが、新聞で報道された天皇の言葉は「延期」ではなく「中止」であった。この時点で式年造営の長い伝統に終止符を打つという意味があったのかどうか。

第五九回遷宮は近代史上初めて、国家予算ではなく一般の募金によって費用が賄われた。しかしメディアは以前ほど積極的ではなかった。一九二九年の遷宮を大々的に報道した英字新聞は戦後のこの遷宮を数行だけで報じ、儀礼の対象を「神話に基づいている」と形容した［"Ceremonies Held at Ise Inner Shrine", *Nippon Times*, Oct. 3, 1953. *Nippon Times* は *Japan Times* の別名］。一九五一年七月、『読売新聞』は寄付を募っていた遷宮奉賛会について、これは「神道復活」ではなく「古代芸術のルネサンス」のためという奉賛会の言い分を伝えたが、同年の社説では、その募金方法は「体裁のいい強制手段である」と非難している［無題『読売新聞』一九五一年七月二八日・「逆コースへの反省」『読売新聞』一九五一年一一月一五日］。SCAPの検閲機関は一九四九年にすでに終了していたので、これらの記事には検閲の影響はないはずだ。

戦後数年の間は、まだ神宮には軍国主義と結びついた不名誉なイメージが残存していた。例えば一九四八年に写真家本田照夫は『アサヒグラフ』に神宮の写真を載せたが、「民間カメラ第一陣として踏み入り捉えた」というリード付きで、神宮の内部事情を暴露するスタイルで紹介している。記事の本文では参拝者が往年の「一割にも満た」ない「悲境においこまれた」とあり、神宮を旧時代の遺物扱いしている。本田は玉垣の中で撮影する許可を得られなかったようであるから、神宮の秘所を暴いたわけではないが、記事全体が採っている暴露スタイルは、国家的神話を日常レベルに下げることで脱神聖化しようという戦後大衆メディアの態度を表している［赤井正友編・本田照夫写真「カメラ伊勢神宮に入る」『アサヒグラフ』一九四八年一月］。

しかし同時に、敗戦後に自国を再び肯定できる文化的象徴を希求する人も多かった。いわゆる皇国史観の正史が正当性を失った今、歴史家や考古学者は上古から連続する国民文化を証明することで傷ついた国民を元気づける新しい歴史を構築しようとした［Edwards, 1991］。このような風潮のなかで、伊勢神宮は万世一系の天皇の系譜を根拠にした国家ナショナリズムの代わりに、「系譜」など必要としない、本質は永遠に不変だとする民族アイデンティティに根ざした新たなナショナリズムへと徐々に吸収されていく。

造営の完成後、写真家渡辺義雄は玉垣の中の写真撮影を初めて許可された。この先例のない神宮お墨付きの写真は複数の出版物に載り、国内外で伊勢／イセ建築の代表的図像となる。渡辺のカメラによって、建てたばかりの正殿はまぶしいほどの日差しを浴びて高いコントラストで白く輝き、造形的完全性を強調するそのくっきりと鮮やかな線と簡素な形は、まさにモダニズムの趣味に合致していた[Reynolds, 2001]。

実際、この第五九回遷宮に際しては、神宮の建物自体もモダニズムの視点を持った新しい世代の建築専門家の介入によって変更が加えられていた。造替の顧問として関わった東京大学教授岸田日出刀をはじめ数人の学者の意見では、以前付けられていた金物は「神明造の荘重さを毒している」ということで、その形態を単純化し、数もなるべく減らす方向で造営を進めることになった。結果として七五〇ほどの金物が除かれた[角南、一九九五、三六二～三六四頁]。こうして装飾を剝がされ、光に輝く新正殿を写し出した渡辺の写真の明るさは、先述の『アサヒグラフ』が提示したような、過去から抜け出せないままの遺物という暗いイメージの反作用として働いた。

戦前は「永遠に古い」という伊勢観と「永遠に新しい」という伊勢観は相反していたが、しかしいったん建築としての神宮を国体イデオロギーから切り離すと、古代と近代の共存をそこに見出すことが可能になった。そうして建築家の間で、天皇中心の神宮説に代わる日本民族中心の神宮説が一九五三年の遷宮以降に台頭してくるが、戦前と同様この新しい説も国際的対話のなかで形成される。一九五五年に開かれたニューヨーク近代美術館での展覧会を経て、伊勢と桂を日本伝統建築におけるモダニズム原理の優れた証拠としたタウトの解釈は、世界中の建築界の定説《オーソドクシー》となった。展示に際して出版されたアーサー・ドレクスラーの著書はこの二つの建築にほかのどれよりも多くの紙幅を割き、渡辺の写真も数枚掲載している。遷宮の意味についてドレクスラーは、近代性と連続性の両側面を強調し、建物の「永遠の若さ」を賞揚すると同時に、遷宮ごとに新しくなる建築は「その曇りなき黄金の鮮やかさ以外、すべての点において以前と同一である」と主張する[Drexler, 1955]。

このような評価は以前からタウトの影響で建築家の間では知られていた。しかし、タウトの英訳は一九三七年という、英語圏では一般に対日観のよくない時期に日本の出版社から刊行されたため、一九五八年の再版以前にどれほど広く読まれたかは疑問である。これに対し、国際社会に復帰した日本が建築の国際的舞台へのデビューとなる象徴的な展覧会に伴って出版されたドレクスラーの著書は、タウトを知らなかった広範な読者層に向けて伊勢神宮とそのユニークな伝統を紹介することになったにちがいない。

「国民の神宮」論

遷宮をめぐる国体とモダニズムのイデオロギー対立はこうして戦後消滅したが、遷宮解釈は相変わらず国内向きと国外向きとそれぞれ強調点が異なっていた。この違いは、伊勢神宮に関する画期的な書籍『伊勢――日本建築の原形』(日本語版、一九六二年。英語版、一九六五年)にみることができる。渡辺の写真を満載したこの豪華な写真集は、丹下健三と川添登による長文の論考も掲載している。当時メタボリズム運動のスポークスマンだった川添の論考は日本語版でも英語版でも、神宮成立の歴史を網羅し、その建築と造替伝統の意味を解釈するのであるが、しかしそれらはなぜか同じ論考ではなく、その解釈と論点は微妙に異なっている。

日本語版の川添論考は、国民文化のルーツ探しが盛んだった戦後の思想環境を反映して、伊勢の建築は日本民族の建築原形を示しているという主張を中心に書かれている。その序文で、伊勢神宮は海外でも高く評価されていることに触れながら、川添は「とくにわれわれにとって、伊勢は日本人のふるさととのイメージをかりたててくれる宝庫であろう」と記し、民族的な意味を強調した〔川添、一九六二、六八頁〕。

一九〇九年遷宮の時に、内宮と外宮をつなぐ道路修理のために莫大な寄付が集まった折には、そのことをもって一般民衆も神宮の維持に貢献するようになったとして、伊勢を「国民の神宮」と呼ぶ論調はすでにみられたが、一九四五年まではどの論者も、神宮とは国民が授かる国体の賜物として描いていた。これに対し川添は、「国民の神宮」は単に国民が神宮の国家的行事に参加したという意味で「国民的」だったのではなく、神宮建築自体を一般民衆が創造したが故に「国民の神宮」だったのだと解釈する。そして、伊勢地方の農民は天皇の「援助によって」遷宮を始めたが、農村文化の中で育まれた穀倉の形態を利用して、「自らの伝統にもとづき、自らの美意識によってそれをなしとげた」と主張するのである〔同上、九三頁〕。このように川添は伊勢神宮を朝廷の建築ではなく、いわば民家建築の頂点に位置づけたと言える。

しかしその一方で世界の舞台では、伊勢／イセを日本の農村文化から生まれた建築ととらえるより、日本文化全般の美風とされる無常観または「非永久性」(impermanence)といった観念のほうが価値を持っていた。国内向けには、伊勢の建築を民衆の創造とする解釈は、神宮の意味を天皇制国家から国民へと取り戻す効果を持ち得た。しかし、天皇制がせいぜい二次的な意味しか持たなかった欧米の日本文化論においては、そうした必要性は存在しなかった。むしろ、欧米で通用した一般的な日本文化論は特定の政治的、宗教的文脈を除外することでその影響力を発揮した。だからこそ、伊勢神宮のユニークな建築伝統を、本来なら神宮と無関係であるはずの「無常」という仏教概念を動員して説明することも不自然ではなかったのである。

このレトリックはすでに日本に関する英語言説のなかで長い系譜があり、しかも戦災による諸都市の壊滅と戦後の速やかな復興は、「非永久性」を日本の特質としてとらえる解釈をさらに裏付けるようであった。英語版での川添論考は、民族建築としての神宮を語る代わりに、日本人の心の底に宿る無常観、実際の建築物よりその精神を重視する思想を説き、イセを「永遠に新しい、しかし永遠に不変である」と表現して、「生命は自然の大なる流れの中に吸収されることによって永遠になると日本人は考えてきた」と締めくくっている[Tange／Kawazoe, eds., 1965, p. 206. 著者訳]。そしてこれに相当する箇所は川添論考の日本語版にはない。

とはいえ、伊勢神宮の解釈において「国民の神宮」概念とこのような「仮の宿」概念は互いに矛盾したわけではない。例えば、『伊勢——日本建築の原形』が世に出た同じ一九六二年、日本建築通史の定番だった太田博太郎『日本建築史序説』の増補第二版には「日本人の建築観」という新しい章が加えられたが、そこで太田も川添論考の英語版に似た表現で日本民族の先天的な無常観を語っている。太田はまた、日本社会が一つの「有機体」だと信じられていると述べ、戦前の「国体」観念の代わりに見事に戦後的な民族主義に置き換えている〔太田、一九八九、六、一八頁〕。

天皇中心説と国民中心説、また古代性の強調と近代性の強調は、いずれも互いに対立する主張ではなく、解釈を構成する二つの異なる軸をなすようになっていた。つまり脱「国体」論の戦後思想において、伊勢神宮と式年遷宮の解釈がそれぞれの要素を取り入れることは可能だったのである。そして建築における非永久性と反記念性という主張は、一九六〇年代に建築アバンギャルドの最先端だったメタボリズムの基底にあり、メタボリストたちは日本の建築伝統を、モダニズムの計画的均一性に対して、有機的自己再生原理に基づく新しいモダニズムの模範と見なしたのである。伊勢神宮を訪ねた川添は、帰りの飛行機から東京の混沌とした景観を見下ろし、伊勢の外宮で感じた「荒々しい原始的迫力」をこの怪物都市にも見出している〔川添、一九五九、七九三頁〕。

伊勢神宮は戦後、多くの日本人にとって早く忘れたい過去の代表として出発したが、欧米の知識人の影響や支持を受けながら、日本の知識人は伊勢／イセを再発明したといえる。モダニズムの概念と美学を取り入れながら、それを国民国家の土壌へと植えつけなおした戦後日本の建築家たちは、土着的、根源的、かつ自己再生する建築のイメージを築き、自分たちの世代の価値観に呼応する新鮮な意味を、伊勢神宮に思い描いたのだった。

世界遺産が問う真正性

一九七二年に採択されたユネスコの「世界の文化遺産及び自然遺産の保護に関する条約」(以下、「世界遺産条約」と略)によって「世界遺産リスト」が誕生し、グローバルな「遺産」が存在するという新時代が到来した。これによって何を「遺産」として残すべきかを決定する国際的に共有されたガイドラインができただけでなく、登録国にとっては文化的ステータスと観光収入の可能性をもたらす世界遺産リストの候補物件を発見する強い動機も生まれた。

日本は一九九二年まで世界遺産条約を批准しなかったが、文化庁建造物課をはじめ建築保存の専門家はユネスコのガイドラインに強い関心を抱いていた。国の制度としての建築保存は一八九七年の古社寺保存法以来、保存基準の変化に伴い実践に関する複雑な方法論も築き上げてきた。一方で、日本の保存専門家には心配の種であり、また二〇年間日本が条約を批准しなかった理由の一つでもあったのは、真正性《オーセンティシティ》に関するガイドラインの文言であった。一九六四年に制定されたユネスコ・ベニス憲章には、記念建造物のいかなる部分も移動させるのを禁止し、その歴史における「寄与したすべての時代の正当な貢献を尊重」し、そして可能な限りの原材料の保存が、真正性維持の条件と明記されていたからである。

国指定の建造物を完全に解体し、材を分析した後に組み立て直す「解体修理」が近代日本の建築保存原則であった。この方法は神宮の式年造替を想起させるが、遷宮は調査・修理目的の解体ではなく、根本的に異なる。また、日本の木造軸組建築の維持方法として、建物の一部あるいは全部を解体して組み立て直すことは、神社、仏閣のみならず、民家などにも広く応用されてきた。この伝統は解体修理と関連してはいるが、これも古社寺保存法以降の解体修理と結局は別ものである。近代の解体修理は建物の維持だけではなく、科学的分析によって唯一の原形を確定できるという実証主義的信条に基づき、最古の形式の復元を目的とし、完全な解体と部材の調査を正式な修復の必要条件としたからである[清水、二〇一三]。この保存手法は、ベニス憲章で明示された材料の真正性基準に反する可能性を孕んでいた。

実は世界遺産委員会の誕生以前から、ベニス憲章については議論が始まっていた。条約批准国が増えた一九七〇年代も議論は続き、結局一九七七年に「デザイン、材質、環境、技術」の四項目で真正性を検定することになった[Stovel, 2008]。この年、ユネスコと日本の関係団体との共催で、木造建築の保存に関する一連の国際会議の第一回が日本で開かれた。建築史家関野克(父は関野貞)を筆頭に日本側はこれらの会議で、世界遺産の組織と「リスト」の登録条件がヨーロッパ中心的だという不満を披露した。第一回の基調講演で関野は、各国には固有の保存法の歴史があることを認めるよう要請し、日本の解体修理法は木造建築に不可欠と弁明した上で、しかしすべて「ベニス憲章に従って」行われている、と主張した[Sekino, 1978]。

日本はこの時はまだ条約批准国ではないが、批准の暁にはこの修理保存方法が国際的に承認されるのを目指すというのが戦略であったろう。しかし、一九九二年に日本も批准して最初に申請した二件(姫路城と法隆寺)はただちに世界遺産に登録されたので、実際には杞憂だったかもしれない。

一九七〇年代にはすでにヨーロッパの保存関係機関の役員のあいだでも材料の真正性について比較的緩やかな解釈も出ていた。ユネスコの専門家ミシェル・パロン(一九八一年に世界文化遺産委員会会長に着任）は、「二〇世紀にわたりその建築と外観に変更が一つもなく、その木材が腐敗の際に定期的に取り替えられ、完全に維持されてきた京都の寺院は明らかに真正（authentic）である」と一九七九年の報告書に書いている[Parent, 1979]。パロンに限らず日本の保存法に言及した欧米の専門家が示したこうした見解は、解体修理の論理と、伊勢神宮の式年造替が体現する（と想像されていた）「形態の完全な伝承」という理念とを混同している。現実にはこの条件を満たす京都の寺院は存在しなかったが、一九世紀以来の言説同様、ここでも日本がヨーロッパ的概念のアンチテーゼを提供した。

しかし、真正性をめぐる疑問は依然として消えることなく、一九九四年に奈良で開かれた大規模な国際会議の議題となり、「オーセンティシティに関する奈良ドキュメント」という文書の形で、ユネスコの新しい文化遺産評価原理を発表することにつながる。世界遺産の分野に多文化主義的アプローチを持ち込んだといえる「奈良ドキュメント」とこの会議は、賛否どちらの側からも「パンドラの箱」に譬えられるほど、世界遺産の基準を根本的に変えるものになった。

メタファーとしての「イセ」と奈良ドキュメント

こうしたなかで、伊勢神宮は奈良会議でどう扱われたのだろうか。欧州中心主義への対抗軸となった日本で会議が開かれたにもかかわらず、欧州中心の保存体制に対抗する日本の専門家の最も有力な道具であったはずの式年造替論理は、彼らの建築保存法の根拠をなしたはずの科学実証主義を裏切るものであった。日本側参加者は、日本建築は伊勢神宮ばかりではないこと、また国指定の重要文化財建築に施されている解体修理は儀礼としての式年造替とは別物だということを、海外からの参加者に理解させるのに苦労した[益田、一九九五]。それでも「伊勢/イセ」というメタファーには双方にとって抗しがたい力があった。

建築史家伊藤延男の基調講演は、アジアにおける木造建築の独特な状況と社会における真正性の定義の難しさを説明するために、日本とアジアの稲作文化の起源を説くという広範な文化論であった。稲作文化は、伊勢神宮の式年遷宮に代表される聖なるものへの特殊な態度と遺産の考え方を生んだと述べたあと、伊藤は現代日本の保存制度を解説し、指定文化財の木材は伊勢神宮の場合とは異なり、極力保存されていると強調した[Ito, 1995]。しかしこの論法は、伊藤の意図に反して、日本の建築保存制度は彼が弁護しようとしているアジア的建築文化の本質的性格と相容れないと示唆したことになる。

フランス人建築理論家のフランソワズ・ショエイも奈良会議で伊勢を取り上げたが、日本もしくはアジアの特殊な現象としてではなく、歴史的な意味が物質そのものの意味に優先するという、世界的に見られる記憶と記念の一つの典型例と解釈した。しかしショエイも伊勢メタファーの力に誘惑されたのか、式年遷宮は現代日本では例外だと知りつつも、奈良会議の少し前に出版され、その後も版を重ねた自著 *L'Allégorie du patrimoine*(「文化遺産の寓喩」)では「日本人はそのモニュマンを二〇年ごとに建て直す習慣がある」と、一般的事象であるかのように記している[Choay, 2001]。

このように、協議事項ではなかったのに、伊勢神宮は奈良会議で一種の支配的メタファーの役を果たした。会議の開放的で多文化主義的雰囲気を反映した奈良ドキュメントは、「精神と感性」をも含む非常に多様な意味の源泉に依拠した真正性という新しい発想を提言したが、この提言は日本側参加者が協議の目標としていた自国保存法の容認という水準を遥かに超えたものだった。奈良ドキュメントは一九九九年にユネスコに正式に採択され、その後の十数年間に五〇回以上、このテーマでユネスコ主催の会議やワークショップが世界中で開かれた。

この頃から伊勢は、文化遺産に関する「アジア的な」考え方の代表として語られるようになり、専門家の間でも創建以来二〇年ごとに完璧に複製されてきたとか、式年造替は日本の一般的保存法であるとか、建て替えられるから世界遺産の指定が拒否されたといった誤った発言も頻繁に見られるようになる。式年遷宮がこのように無頓着に、かつ誤って言及されることに、その象徴的価値も象徴としての柔軟性も見ることができるとも言えよう。メタファーとして「イセ」を利用するのに、伊勢神宮の歴史と現状の具体的知識は不要だったのだ。

文化遺産の分野で伊勢神宮がこうして引き合いに出されるのは、「世界遺産」の構造を土台から壊すためではなく、大抵はむしろそれを解放する目的からだった。式年遷宮およびそれが表現すると思われた精神や態度も許容する開かれた真正性という概念は、神宮を、アジア的特異性の象徴という以上に、いわば「非西洋」にとっての普遍的財産にした。二〇〇〇年以降ユネスコは文化の多様性を守る複数の手段を導入し、なかでも二〇〇三年の「無形文化遺産保護条約」は、長らく日本と韓国で採られてきた「無形文化財」という独自のカテゴリーを世界遺産に応用したものである。これらの手段は文化遺産の新たな国際的枠組みを築いた。

世界遺産委員会の元ジンバブエ代表で二〇〇三年条約の草案作成に参加したドーソン・ムンジェリは、この新条約で有形文化財と無形文化財のカテゴリーを融合する方向に世界遺産政策を導けると考え、デザイン・技術・環境においては「一〇〇パーセントオリジナル」だが材料においては「〇《ゼロ》パーセントオリジナル」である伊勢神宮は、その貴重な事例だと解釈した。そして伊勢／イセは文化遺産概念の再考への道を開いたが、例えば特定の場所に定まっておらず、建物も使用する道具も常に変化しているベナンのヴードゥー寺院のようなケースを考えれば、その再考はなお不十分だと主張した[Munjeri, 2004. また Loo, 2010 も参照]。こうした伝統がもつ本質的価値を守るために、奈良会議以降のユネスコは「無形文化財」の思想を受け入れ、以後、文化遺産は料理からスポーツまでを包含するようになる。伊勢メタファーはこうして、「世界遺産」の変容に貢献した。

奈良ドキュメントの文言「精神と感性」は新しい尺度であり、定義も否定も困難な新種の真正性を意味した。ここでいう「精神」は一九世紀末に欧米で流行った「東洋的精神主義」の精神とは異なり、神秘的信念体系などに基づくものではない。単に、ある文化遺産の保護者がその物質性よりもそこにある目に見えない何かを大事に思っているという主張だけがあれば十分とするものであった。精神が物質に優越するという西洋思想の最も古典的理念の一つを西洋自身へと転回させて、「場の精神」を認めるよう求めた非西洋文化遺産の擁護者は、ユネスコを中心とする保存体制の管理者に、記念物の最終的価値はどこに所在するかを明示するよう迫った。だが、多文化主義の時代に、だれがどこの「精神」の存在価値を否定できるだろうか。逆に、物的形態のみを文化遺産価値の基準にすべきという立場を支持すれば、啓蒙期以降のヨーロッパ思想において最も蔑むべき愛着とされた物神崇拝《フェティシズム》に陥る危険があるのだった。

奈良会議でドイツの保存専門家マイケル・ペツェは、二〇世紀末の「記念物信仰《モニュメンタル・カルト》」は地球環境危機に直面する人類の「生存への願望」を反映しているのだろうと発言した[Petzet, 1995]。この意味で、伊勢は時代にふさわしいモニュメントだった。しかし、もしペツェが示唆するように二〇世紀末以降の文化遺産思想が現代の環境危機に対する不安を表しているとするなら、伊勢神宮が魅了するのは「生存への願望」を反映しているからだけではなく、永遠の再生への願望、すなわち念入りな管理によって人間はまだ持続可能なエコシステムで暮らせるのではないかという夢想を表象するからかもしれない。

さらに、美術評論などの分野で、真正性にこだわる西洋こそ「物神崇拝」の本場であり、西洋以外では複製もオリジナルと同等の文化的価値をもつという挑発の根拠としても伊勢は利用された。ジャーナリストのアレクサンダー・スティルは式年遷宮をアジアの「写し」の伝統のなかに位置づけ、今日の中国政府が博物館展示や史跡で用いるレプリカと同じく、脱真正性の時代での新たな真正、いわば「完全な複写」を体現していると解釈した[Alexander Stille, "Faking It," *New Yorker*, June 15, 1998]。このようにメタファーとして伊勢を動員するのは、伝統日本はポストモダン以前にすでにポストモダンであったとする類いの、二〇世紀末から流行した言説の一端である。

一方で、建築保存の論理に疑義を唱える根拠を遷宮に見出す見解も出され、例えば、建築家レム・クールハースはインタビューで、日本はまさに「遺産」を大事にしないことで逆説的に建築の伝統を維持できていると誉め、日本人は「ものにしがみつかない」と表現したが、その根拠はもちろん伊勢神宮だった。クールハースの考え方もまたメタボリズムの建築観に影響されていた["Reinventing the City: An Interview with Architect Rem Koolhaas," *Christian Science Monitor*, July 20, 2012]。

伊勢神宮は「文化遺産」たりうるか

長きにわたる国際的対話のなかで、伊勢神宮のメタファーは天皇制国家の信仰の場であるその原点から遠く離れて、発展し増幅し続けてきた。しかし肝心の伊勢神宮はこの対話にどう関わったか。「遺産」という語はある財産関係を指している。ユネスコが、ある場所を「人類共通の遺産」と指定すると、そのことでそこに人類が制御する何らかの権利を取得することになる。と同時に、世界遺産条約の参加国は、遺産相続人であるわれわれ人類全員のためにその記念物を保護する責任を請け負うことになる。ここにもう一つの皮肉な現実が潜んでいる。伊勢神宮は見てきたように、日本が最前線で牽引してきた「文化遺産」再構築の大きなイコンになっている一方で、世界遺産に登録されておらず、国内の文化財保護制度による保護すらされていない。神社本庁は国内外の非宗教機関から神宮を頑なに守ってきた。「文化遺産」や「文化財」の指定を、神宮ひいては天皇家の聖性《オーラ》を損ねる世俗組織への譲渡と見なしてのことだろう。

一九四六年に連合軍が日本に政教分離のために国費による神宮運営をやめさせたとき、神宮の神官は戦前の制度をできる限り存続させるために神社本庁を作った。一見、憲法に矛盾するようにみえるが、神社本庁の規則には伊勢神宮は皇室の財産であると明言されている〔神社本庁監修、二〇一〇〕。文化財専門の官僚は当面これへの対抗手段がないようだ。伊勢神宮はその長い歴史のなかで絶えず政治的な場所であったし、海外ではほとんど認識されていないが、現在も政治的な場所であり続けている。

伊勢神宮は過去の事物へのわれわれの愛着の根底にあるパラドックスをみごとに体現しているがゆ

えに、文化遺産言説において強力なメタファーの役割を果たしてきた。建築遺産保護のよって立つ理念は基本的に精神的なものか、あるいは物へのフェティシズムなのか。それとも、ある「文化」を守るべきだという主張もすべて一種のフェティシズムだろうか。式年遷宮はこのような問いに格好の材料を与えてきた。

ここまで約一世紀のうちに伊勢神宮が象徴的存在として様々に語られ、解釈されてきた歴史を見てきたが、伊勢神宮のユニークな伝統自体は実際には虚構だったと主張したいのではない。文化遺産保護分野にとってヒントになりうるのも否定しない。ただ、過去にも現在にも、一つの王朝とその系譜の番人という関係が厳守されている伊勢神宮は、「日本的」にしろ「アジア的」にしろ、国民性などで普遍化できる文化原型として理解しようとしてもおそらく役に立たないだろう。また現在、式年遷宮に頻繁に与えられる反物質主義的意義は、一九世紀末以前の文献には根拠を見いだせない。こうした読みや意味付けは一九世紀末、海外向けの言説として初めて登場するのである。

もしこの解釈の変遷が建築史学あるいはまた神道学に限定されていたなら、その意味の多様化は別の関心を引いただろうが、しかし伊勢メタファーの真の力は一分野を超えたところにある。現にこの変遷史においては、建築史研究者たちは概ね脇役であって、伊勢メタファーは、神宮の建築形態や宗教行事の内実からは隔たった、各々の時代の出来事や問題群と共鳴して展開していた。

一九世紀末から二〇世紀初頭にかけて、伊勢神宮を引き合いに出して日本人の「非永久性」への特別な愛着を語る観点は、倫理的かつ美学的主張を通じて帝国日本が欧米からの共感を得るのに役立った。二〇世紀前半には、天皇制国家の古さの証と同時に、モダニズム建築の普遍性の証という二つの顔をもった。戦後日本においては、国民が自ら造り上げた土着の伝統としてポピュリズムの色彩を帯びた。二〇世紀末からの世界文化の時代になると、過去を記念する方法として開放的かつ多文化主義的な未来を表象する「パンドラの箱」を開く鍵となったイセというメタファーは、世界中の文化財保護専門家、建築家、環境思想家などの手に渡った。

こうして明治末期から現在まで日本内外の論者たちは、異なる強調点から異なる聴衆に向けて、だが同時に相互の対話のなかで、式年遷宮の本質的意味をそのつど発明し、そうした発明によって神宮は各時代の政治的文脈へと投げ込まれてきた。そして、この長い対話のあいだ、神宮は変わることなくある一つの家族にひたと寄り添い、その家族員は遷宮の意味について外に向けて何一つ語ることはなかったのである。

終　章

破壊と再生の伊勢神宮

核の聖職者

アメリカ原子力産業をリードする企業ベクテル社は一九八〇年代に、危険な使用済み核燃料の記憶をどう保存するかという問題を学術委員会に委託した。地中に埋めると、その場所にどのような標識を立てても、時間の経過に従って葬られた物質もその標識の意味も忘れられる危険性がつきまとう。そこで記号学者トマス・セボックは「核の聖職者」を作ることを提案した。触れられない物のオーラを維持する聖職者という特殊な身分（カースト）であれば、何百世代にわたって一つのメッセージを伝えていく可能性がより高くなると彼は説いた。現場の周囲にあるすべてが変わり、その中に何が隠されているかも忘れられ、それを埋め葬った人々の科学知識も失われ、埋葬当時の言語さえも不可解なものになったとしても、崇拝の儀礼が伝承されることで、何か侵犯してはならないものがそこに潜んでいることだけは伝えられ、放射性物質が守られるというのである。

伊勢神宮でもこれと類似した論理が追求された。斎宮として姫が送り込まれ、やがて神職の系譜も地元で形成された。この神職自身は多くの時代、必ずしも強大な政治力を持つ高位の人物たちというわけではなかった。ただ、ある秘密を守り、その維持に必要な儀礼伝承と財物の調達を取り扱う保護役に過ぎなかった。それでもどの世代の神主も職人も、自分自身のために、神宮の信仰者のために、そしてこの場の存在を知るあらゆる人のためにも、遷宮の儀礼を通じて、何か不可侵の聖なるものがそこに存在することを再確認した。儀礼の反復と、オーラを放つ核心をめぐって渦を巻くように物が生産され、収納され、破壊され、また再び生産されることによって、ヤマト王（すなわち天皇）の司祭統治は持続された。過去の文書は解読不能になるかもしれず（現に『古事記』は本居宣長による研究と解読までは長らく半ば忘れられていたとも言われる）、戦争や災害は現地の建物を脅かし、信仰とその実践は強弱を伴いながら進んだだろうが、聖地とそれを守る勢力の確保には反復自体で事足りた。一つの概念を持続させるためには、その場の維持、実践の反復、そして財物の調達だけが必要だったのである。

ポトラッチの終焉と「伊勢原理」の出現

建築の造替や神宝の製造のためには膨大な量の貴重な資源と財物が消費され、この伝承の確保に中心的な役割を果たした。貴重財の消費は奉納者の力を再確認させた。本書ではこの贅沢を「ポトラッチ」の論理を引いて説明してきた。ポトラッチはもちろん異なる文脈から借用した概念であり、伊勢神宮の儀礼の伝統に単純に当てはめるべきではない。事実、式年遷宮の本来の独創性はまさに、それまで古代日本で行われていた「ポトラッチ」的な威信財競争に対して、その反例を創造したことに他ならない。この反例では、威信財競争が内包する過剰または豪奢な費消への動機を保持しつつ、ヤマト王がそれを占有した。それ故に、アメリカ大陸太平洋岸北西部の先住民族から他の文脈にも応用可能な概念や原理を研究者が得てきたとすれば、伊勢神宮も同じように、他の場合にも当てはめて考えうる「伊勢原理」とでも呼ぶべきものを提供している可能性もあるだろう。前章で紹介したように、二〇世紀末以来、ユネスコ世界遺産の定義に関連して、またより広く建築や芸術の分野で、「伊勢／イセ」は有力な普遍的比喩となった。しかし、本書で指摘する原理はこの比喩とは別のものである。二〇世紀末の比喩の場合には、伊勢は物質に内在しない真正性《オーセンティシティ》を体現しているとされた。これに対し、古墳時代の威信財競争の終焉と式年造替遷宮の確立で始まった「伊勢原理」は何よりも物質に内在し、国家のヘゲモニーを持続させるために、物質を蒐集して吸い上げ、それらを分配し、破壊することにあった。永遠の破壊と新造という循環によって自己再生産する、単一の君主の統制下に威信財競争を組み込む新しい論理——このことに一つの「伊勢原理」を見出せるということを提言したいのである。

しかし、複数の勢力が競争しあった時代のポトラッチは、単一の国家が形成されても完全に抑制できるものではない。贈与と分配への人間の根源的欲望、そしてそれによって贈与者の権力が拡大するという普遍的な現象がもたらすものだからだ。太平洋岸北西部のポトラッチ慣習は、カナダの植民地政府とプロテスタント宣教師が先住民に植えつけようとしていた資本主義の精神とは相容れないものとされたため、一九世紀の終わり頃から崩壊の道を歩み始めた。共同体内での過剰な贈答の祝福も、それに起因すると思われた無貯蓄という悪弊もまた、文明化事業の妨げだとみなされた。ポトラッチは中断され、参加者は罰金を科されることも投獄されることもあった。改良主義者のキャンペーンは概ね成功裡に終わったが、しかし近代国家へと躾けられた社会に組み込まれたのち、一九七〇年代にポトラッチは文化遺産として復活したのである。現在でも、先住民コミュニティにとって重要な行事となっている。

古代のヤマト国家は、反資本主義的な贈答経済を抑制するためではなく、他の地域勢力より自身の優位を確立するために、競争的ポトラッチから離脱した。そして伊勢において儀礼と財物からなる、以前の価値とは異なる新体制を創造したが、その体制は共同性を否定し、秘密を重んじ、贈答ではなく物資の吸収と隠蔽とを用いることによって、天皇にまつわる壮麗さと神秘性を創出した。それでもポトラッチ的要素は残った。あらゆる祭りはつまるところ一種のポトラッチとして貴重な財物を集め、呪術的な儀礼に付随する意図的な過剰を誇示し、ひけらかす。とりわけ伊勢では、神宮へと動員されて入ってくる大量の物品と資材は必然的に、出口を見出すか破壊の運命に遭うか、いずれかにならざるを得なかった。この意味で「伊勢原理」とは、威信財の循環を唯一つの場において唯一の権力者の下に封じ込めようとする動機と、循環を抑止する体制下でも絶えず循環へと戻ろうとする物質自体がもたらす動機という、二つの力を包摂する原理と考えてよいだろう。

歴史的時間の考古学

本書の序章で私のアプローチを「歴史的時間の考古学」と表現した。ここで試みたのは、埋蔵品の発掘や専ら非文字資料を考究の対象にするといった考古学的方法の応用ということではない。そうではなく、物質に焦点を当て、文献を通じてその行方を歴史的時間のなかで辿ることであった。この方法によって、従来の研究対象とは異なる記録が重要になってくることもあれば、同一の記録がこれまでと違った側面を見せることもある。物の行方を追求することで、神話や信仰といった支配的言語とは異なる言語で、伊勢の様々なしきたりや出来事の意味が前景へと姿を現す。しかし、ある時代には最も重要で記録すべき事柄と思われていたものが、必ずしも後の歴史研究者が最も知りたいこととは限らないということは念頭に置かなければならない。例えば、伊勢神宮でなぜ式年造替遷宮が行われたかという根本的疑問は、近代まで文章で表現されたことがなかった。そして、この問題について書かれ始めると同時に、不変の国体の体現としての遷宮や西洋的概念のアンチテーゼとしての遷宮といった様々な解釈が先行し、実際どのような歴史的変遷を辿ったか、なぜそのように変化したかは見えにくくなった。

伊勢を通過する物質の経路を追求し、それをめぐる言説と実践の「発掘」によって、国家の形成や盛衰が神宮に関係する財物の取り扱いとその循環を変貌させてきたことが明らかになる。律令国家はポトラッチの対象物を外部勢力から取り上げ、式年遷宮と緻密で壮麗な儀礼の体制を確立し、その神秘の中心に無二の対象物を据えることにした。やがて神宮を取り巻く様々な威信財競争を統制する能力が律令国家から失われていき、その後数世紀にわたって遠心力が働き、無秩序《エントロピー》へと傾いていく。そしてそれとともに大衆の参拝が可能になっていくにつれて、ますます多くの人が聖なる物のオーラに惹かれ、新しい形のポトラッチに参加するようになり、中央による統制をさらに弱める結果となった。伊勢神宮とその神宝は、明治時代に天皇中心国家が以前は統制できなかった外部勢力という遠心力から再び奪還したが、真正性《オーセンティシティ》の主張を中心とする新たな統制の手法が展開されることになった。

神秘性、オーラ、真正性またはオーセンティシティ

式年造替遷宮の確立で始まった古代の銅鏡などの威信財ポトラッチの道は、こうしてポトラッチから王権の壮麗と神秘へ、オーラの創出と新たなポトラッチへ、さらに増強された王権が唯一の権威を主張する近代天皇制へと組み込まれる、長い歴史的過程を経てきたのである。古代ポトラッチでは威信財として銅鏡が往来し、優位な勢力をもつ者は銅鏡などの財産の贈与や地中への埋蔵で自らの権威を示した。律令国家形成期になって単一の権力者が現れ、権威を証明する新しい形式が求められた。ヤマト王権が抱えた課題は、相対的なヘゲモニーではなく絶対的ヘゲモニーをどのようにして示し、持続させるかであった。その解決法の一端として、贈与が贈与者に力を賦与するのであるから威信財の分配は継続しつつ、即位礼の場面などと同様に、国家の祭祀場である伊勢神宮では外部からの寄贈（幣帛）が禁止された。財物の蓄積と埋蔵ではなく、代わりに一つの神秘的中心を創り、それを守護しつつ、朝廷の支配下で財物の蒐集、隠蔽、そして処分という複雑な儀礼的プロセスを経過させることで、祭祀場への膨大な物質の流れを強調することを選んだのである。

神秘は神秘を生む。皇居にあるとされる三種の神器の聖なるステータスを増大させるにも隠蔽は有益であった。一一世紀まで天皇はその容れ物を開けて中身を見ることができたが、一二世紀以降は中身を見た人は失明するか発狂したと言われるようになった[Conlan, 2011, p. 61]。物を神秘のベールに包むことで欲望が生まれ、この欲望もまた更なる包装と神秘性を増幅する手段の必要性を生じさせる。これはのちにしわ寄せが広く波及することになる新たな問題の始まりだった。パンドラの箱の神話にあるように、隠蔽が作り出すオーラとは本質的に禁じられたものを知りたいという願望の産物である。

伊勢の神秘が「神書」、曼荼羅や御師の言葉によって列島中に波及していけば、禁じられたものを知りたい願望は参拝者を旅に引き出す大きな動機になる。天皇制国家の神秘という領域に大衆の願望がこうして侵入すると、隠蔽された対象物の周囲にめぐらされたあらゆる物までオーラが強くなり、と同時に、この神秘が抑制するはずだったポトラッチ的行為という反動を誘発してしまう。大衆のポトラッチは、伊勢の到達不可能な対象物の在処に加えて、その周りに渦巻くすべての財物に向けての崇拝の競争という形をとった。

明治時代に天皇制国家がこの大衆のポトラッチを抑制し、神宮儀礼の支配を取り戻そうとした時、新しい外部勢力への対処も同時に必要となった。新政府は国際政治と外交の領域において、万国博覧会や博物館が代表する国家的文化競争の独特な価値体系を突きつけられていた。この文脈では文化的真正性の証明が要求されていた。ここで初めて、国の人工物や建築物は、その古さ、国民的遺産としての忠実な伝承、そして外部の文化的影響による「汚染」からの不可侵性または純粋性によって、その普遍的価値を証明することが求められることになった。

前章で述べたように、一九七二年の世界遺産制度の制定以来、真正性《オーセンティシティ》という概念はユネスコの政策議論の中心的問題となり、またその言説の移り変わりの中で伊勢神宮は特異な位置を占めた。一九九四年に開催された「オーセンティシティに関する奈良会議」の日本人参加者は、日本語に「オーセンティシティ」に相当する言葉はないと指摘した。ポトラッチ概念と同じく、外来の概念用語を機械的に日本の文脈に当てはめないよう忠告する指摘である。しかしこうしたズレや相違は、周辺の関連する言葉をより広い枠組みで捉え直す方向へと、考察を開いていく可能性もある。プラセンジット・ドゥアラはオーセンティシティを、近代国民国家の基盤をなす表現として見るべきだと主張している。ドゥアラによると、国民国家イデオロギーは「ネイション」を、成熟過程にある一人の人間のように、直線的な時間を啓蒙へと進みゆく個体として想定する。しかし、この進歩する啓蒙という物語には、その核心部には不変な本質も必要である。この本質は、人種的・民族的な要因によると捉えるか、宗教を基に考えるか、または国旗への忠誠などのように象徴的表現として想像するかなど、様々な形を取りうる。オーセンティシティはネイションにおけるこれら不変の表現に内在しており、その概念は拡大し、物質的「文化遺産」を含むすべての文化的表現のあらゆる場合に応用されていく[Duara, 2003, pp. 29-30]。

明治維新後の天皇制国家にとっては、ドゥアラのいう「オーセンティシティ体制」の核心をなしていた不変の本質とは、究極的には他ならぬまさに「国体」という概念であったに違いない。日本の場合、ネイションの歴史の中心にあるとされた、古さ、忠実な伝承、そして純粋性のあらゆる側面が、この概念を利用して表現されるようになった。森有礼を暗殺した西野文太郎は、なぜ「伊勢大廟」の神聖尊厳にこだわったのか。世古恪太郎や多数の政府関係者は、なぜ黄金の御樋代の純粋性と不可侵性をめぐって苦心したのか。建築史家の伊東忠太は神道建築における歴史的様式発展の証拠不足を憂いながらも、なぜ伊勢神宮が唯一にして最古であることをあれほど強調したかったのか。宇治山田のエリート市民は一八八九(明治二二)年に神宮の使用済み木材の運命について、また一八九八年の神宮の火災について、なぜ宮司を非難したのか。これらの危機の内実はいずれも、「国体」という抽象的概念の最高の表現である古さ、純粋性、忠実な伝承という真正性に関連していた。この真正性が新たな懸案となるなかで、式年造替遷宮は、展開するネイションの歴史における「不変なるもの」の継続を物質的な形で結晶させるという役割を負わされた。

むすびに

ポトラッチから神秘、オーラ、オーセンティシティという長い過程は、前段階の体制から何らかの要素が残っていく累積的な過程であった。天武・持統天皇以降の「伊勢原理」にも、高価な神宝を地中に埋める伝統や、表立った形ではないが丁寧に記録はされていた神宝装束や木材を神宮禰宜に分配する伝統などの形で、古墳時代のポトラッチ慣行はその長い影を落としていたと見ることができる。この観点から考えると、神宮の禰宜たちは、武力と銅鏡その他の貴重品の下賜によってヤマト王が制圧した古代の豪族たちの代理と譬えられるだろう。中世の武士による奉納は朝廷のヘゲモニーを挑発し、さらに神宮とその物品にまつわるオーラが招いた新しいポトラッチを引き起こした。江戸時代に大衆を参宮へと連れ出した熱狂も、禁じられた聖なる物に接近したいという願望も、形を変えながら近代にも残存していた。この願望は、天皇に対する言うに言われぬ国民的誇り、そして皇室と「大廟」にまつわるすべてへの畏敬の念へと、教化された形で再構築された。

と同時に、イデオロギーにも全く新しい発明は見られない。南北朝時代の一四世紀に北畠親房は、神宮とその聖なる中身について問う近代的真正性体制の先行例を提示した。万世一系の天皇を称えたその『神皇正統記』は、「国体」という語こそ用いなかったが、伊勢神宮と三種の神器を近代的真正性の語法に近い形で想定していた。伊勢内宮にある神鏡を「正体」と呼び、神器の一つとして皇居に保管されている方は、伊勢の神鏡を模倣して「鋳かえられたりし」物だと主張した。

親房は南朝を支持するためにこの物質的真正性の論理を利用した。南朝軍が伊勢神宮とその周辺地域を占領した折、「正体」が存する場を掌握していた点が南朝系譜の正統性を主張する親房の根拠になった。トマス・コンランが明らかにしているように、物体の所在を根拠とする親房の「正体」論に対して、北朝側は正統な儀礼の伝承を根拠として、その儀礼の中で正体以外の物は「如在」、つまり同一であるかのように代用できる立場をとった[Conlan, 2011, pp. 15-16]。結局、「正体」論は優位を獲得せず、のちの天皇家は北朝の系譜になったのだが、しかし親房の真正性概念は破棄されたのではなく、近代になって再び利用価値が出るまで保留にされたのである。天皇の玉座が争われた時代にこの論理が登場していたことは重要である。真正性は主権を掌握する手段の一つであったが、その後約五世紀の間に主権が問われることはなかったので、真正性もその政治的効力を発揮しなかったのである。親房の天皇論とともにそれが再浮上した時は、国内向けと国際的文脈に同時に対応する新たな主権の主張に役立つものとしてであった。

明治期に現れた真正性問題は、もはや南北朝期のように朝廷に限定されたものではなく、日本社会全体にわたり様々な立場の人が関わる問題となった。また、皇位継承を争うためではなく、国民国家の性質を示すために真正性が唱えられ、それを体現するものとしての伊勢神宮と皇室の独自性は、アジアの近隣国との比較において、あるいは文明の水準とされながら同時に文明のアンチテーゼともされた「西洋」との比較において、価値を与えられることになった。

明治時代以降の地域エリート、新聞記者、参拝者、樵、複数の官庁の政府官僚(下級官僚も含む)、元老、玉座を囲む皇族や侍従、そして天皇自身も、伊勢神宮式年遷宮の具体的内容を論じることで、無形の「国体」に肉付けをした。彼らは形而上の問題を取り上げながらも、森の立木と使用済みの神宮用材、錆びた刀剣、金製の桶と木桶の製造、引き上げられた簾と引き裂かれた帳《とばり》、殿舎の建築と境内の配置、ひいては近隣の商家や民家などにまつわる、至って実際的な形而下の問題に取り組んだ。これらの物質とその扱いに関わる議論や主張は、時に難解で秘されていたり、時にははっきりと公にされる事柄であったりしたが、全体として中心には実体を持たない「国体」を、リアルかつ政治的に切迫したものとした。そして神宮建築とそこに保管される品々は、その霊力と同時に朽廃、破損、盗難の脆弱性においてもこの効果をもたらし、神秘的な国粋を守るべき現実的なものへと転換した。また逆に、隠匿と展示、大衆の自発的参加あるいは半強制的動員、脅迫やテロという抑圧、文字媒体による言説などを通じて、皇祖神の大廟とその悠久なる神秘は国体イデオロギーの推進者によって真正なものへと化されていったのである。

だからこそ二〇世紀に入って、それまで誰にも問われることがなかった伊勢神宮の建築の「真正性」に関する問いや、それまで逆説的とは思われていなかった「非永久性のなかの永久性」という逆説をめぐる言説が、新たに国際的対話の中で展開し、花開くのも当然だったと言えよう。これらの問いや謎は近代の産物であり、その近代性は、国民文化と呼ばれるものが歩みを進める普遍的時間という概念を作り出しつつ、その一方で、近代自身の旺盛な破壊性にもかかわらず、破壊と朽廃を拒み、物質世界の絶え間ない流動を超越した、永遠にして本質的なものの必要性も生み出すのである。

参考・参照文献一覧

本文中で引用・参照した文献を、日本語文献、欧文文献、原史料及び資料集成類の順に掲げた。原史料・資料集成類には番号を振り、そのうち国立公文書館所蔵資料は冒頭にまとめた。新聞は日本語・欧文を問わず本文中に出典を明示し、ここでは割愛した。

日本語文献

青井哲人、二〇〇五『植民地神社と帝国日本』吉川弘文館。

赤井正友編／本田照夫写真「カメラ伊勢神宮に入る」『アサヒグラフ』一九四八年一月。

池田敬八編、一八九八『度会』一九号、度会郷友会事務所。

伊勢市編、二〇一三『伊勢市史』第三巻近世編、伊勢市。

伊東忠太、一九〇一「日本神社建築の発達」上、『建築雑誌』第一六九号。

伊東忠太、一九四一『建築より見たる日本国民性』勤労者教育中央会編纂、目黒書店。

伊東忠太、一九四二『日本建築の研究』下、竜吟社。

稲垣栄三、一九七五「古代・中世における神宮の式年遷宮」『神宮　第六十回神宮式年遷宮』小学館。

井上章一、二〇〇九『伊勢神宮――魅惑の日本建築』講談社。

今泉宜子、二〇一三『明治神宮――「伝統」を創った大プロジェクト』新潮社。

上野秀治、二〇一二「江戸幕府と遷宮」清水潔／岡田登／多田實道／岡野友彦／上野秀治／松浦光修／谷口裕信／田浦雅徳『伊勢の神宮と式年遷宮』皇學館大学出版部。

宇治山田市編、一九二九『宇治山田市史』上・下、宇治山田市。

榎村寛之、二〇〇八『古代の都と神々――怪異を吸いとる神社』吉川弘文館。

太田尚宏、二〇〇四「木曽御遷木山をめぐる伊勢両宮と尾張藩――文化六年遷宮の事例を中心に」『徳川林政史研究所研究紀要』第三九号。

太田尚宏、二〇一一「伊勢遷宮用材の伐木・運材事業と山方村々（上）――文久二年の湯舟沢村を事例として」『徳川林政史研究所研究紀要』第四五号。

太田博太郎、一九八九『日本建築史序説』増補第二版、彰国社。

大西源一、一九六〇『大神宮史要』平凡社。

岡倉覚三、一九六一『茶の本　改版』村岡博訳、岩波文庫。

金井塚良一／原島礼二、一九九〇「前方後円墳の消滅を考える」『前方後円墳の消滅――畿内政権の東国支配を探る』新人物往来社。

川添登、一九五九「伝統論の出発と終結――伊勢神宮の造形について」『文学』第二七巻七号。

川添登、一九六二「伊勢文化論」『伊勢――日本建築の原形』朝日新聞社。

川添登、二〇一〇『木と水の建築　伊勢神宮』筑摩書房。

河野一隆、一九九八「副葬品生産・流通システム論」『第四四回埋蔵文化研究集会　中期古墳の展開と変革――五世紀における政治的・社会的変化の具体相（1）』。

北原糸子、一九八三『安政大地震と民衆――地震の社会史』三一書房。

木村春太郎、一九二五「神宮私賽史談」『史学会会報』第五号。

倉田吉雄、一九三九『神宮備林ノ法正状態ニ関スル研究』林野会。

ケンペル、エンゲルベルト、一九七三『日本誌――日本の歴史と紀行』今井正訳、霞ケ関出版。

児玉幸多、一九六一「木曽山林の地租改正」『法政史学』第一四号。

古西遥奈、二〇一四「大化薄葬令と終末期古墳」『考古学ジャーナル』第六五五号。

小林健三、一九三〇「神宮式年遷宮の歴史的意義」『史苑』第四巻第一号。

小林行雄、一九六五『古鏡』学生社／二〇〇〇、新装版。

胡麻鶴醇之、一九六九「戦前三代の式年遷宮」神宮司庁編『神宮・明治百年史』中巻、神宮司庁。

斎藤修、二〇一四『環境の経済史――森林・市場・国家』岩波書店。

斎藤英喜、二〇一六「読み替えられた伊勢神宮　出口延佳、本居宣長を中心に」ジョン・ブリーン編『変容する聖地 伊勢』思文閣出版。

坂井邦夫、一九三五『明治暗殺史――新聞を中心として』大仲堂書店。

酒井シヅ、二〇〇八『病が語る日本史』講談社学術文庫。

桜井英治、二〇一一『贈与の歴史学――儀礼と経済のあいだ』中公新書。

桜井英治、二〇一七『交換・権力・文化――ひとつの日本中世社会論』みすず書房。

桜井勝之進、二〇〇三『伊勢の式年遷宮――その由来と理由』皇學館大学出版部。

笹生衛、二〇一三「神宝の成立――組成の意味と背景」『明治聖徳記念学会紀要』復刊第五〇号。

サトウ、アーネスト、二〇〇六『アーネスト・サトウ　神道論』東洋文庫756、庄田元男編訳、平凡社。

清水重敦、二〇〇六a「式年造替と解体修理――日本の伝統的な建築継承手法はいかに近代化されたか」シンポジウム『伝える人建てる人――文化財と建築』予稿集。

清水重敦、二〇〇六b「式年造替――その開始・持続・終焉」鈴木博之編『復元思想の社会史』建築資料研究社。

清水重敦、二〇一三『建築保存概念の生成史』中央公論美術出版。

下垣仁志、二〇一八『古墳時代の国家形成』吉川弘文館。

神社本庁総合研究所監修、神社新報創刊六十周年記念出版委員会編、二〇一〇『戦後の神社・神道――歴史と課題』神社新報社。

新城常三、一九六〇『社寺と交通――熊野詣でと伊勢参り』至文堂。

新谷尚紀、二〇一三『伊勢神宮と三種の神器――古代日本の祭祀と天皇』講談社。

杉山伸也／山田泉、一九九九「製糸業の発展と燃料問題――近代諏訪の環境経済史」『社会経済史学』第六五巻二号。

鈴木廣之、二〇〇五「明治期における物の価値と蜷川式胤」『明治聖徳記念学会紀要』第四一号。

角南隆、一九九五「御造営工事について」『第六十一回神宮式年遷宮記念――遷宮論集』神社本庁。

関根俊一、二〇〇八『古神宝　日本の美術511』国立文化財機構監修、至文堂。

関野貞／太田博太郎編、一九九九『日本の建築と芸術』上・下、岩波書店。

大日本山林会編、一九三一『明治林業逸史』大日本山林会。

大日本帝国議会誌刊行会編、一九二八『大日本帝国議会誌』第八巻、大日本帝国議会誌刊行会。

台湾総督府営林所編、一九三五『台湾林』台湾総督府営林所。

タウト、ブルーノ、一九三四『ニッポン――ヨーロッパ人の眼で見た』平居均訳、明治書房。

タウト、ブルーノ、一九四八『日本美の再発見――建築学的考察』篠田英雄訳、岩波新書。

高木博志、二〇〇六『近代天皇制と古都』岩波書店。

多木浩二、二〇〇二『天皇の肖像』岩波現代文庫（初版一九八八、岩波新書）。

多田實道、二〇一二「鎌倉時代の遷宮」清水潔／岡田登／多田實道／岡野友彦／上野秀治／松浦光修／谷口裕信／田浦雅徳『伊勢の神宮と式年遷宮』皇學館大学出版部。

タットマン、コンラッド、一九九八『日本人はどのように森をつくってきたのか』熊崎実訳、築地書館。

谷口裕信、二〇一二「神苑会の活動と明治の宇治山田」『伊勢の神宮と式年遷宮』皇学館大学出版部。

ダワー、ジョン・W、二〇〇一『容赦なき戦争――太平洋戦争における人種差別』猿谷要監修／斎藤元一訳、平凡社。

辻田淳一郎、二〇〇七『鏡と初期ヤマト政権』すいれん舎。

筒井正夫、一九八四「日本帝国主義成立期における農村支配体制――静岡県原里村の事例を中心に」『土地制度史学』第二七巻一号。

ツンベルグ、カール、一九六六『ツンベルグ日本紀行』山田珠樹訳註、雄松堂書店。

帝室林野局編、一九三三『神宮備林』帝室林野局。

帝室林野局編、一九三九『帝室林野局五十年史』帝室林野局。

中西正幸、一九九一『伊勢の遷宮』国書刊行会。

中西正幸、一九九五『神宮式年遷宮の歴史と祭儀』大明堂。

中西正幸、二〇二〇『伊勢の御遷宮』神宮司庁。

長野県編、一九八八『長野県史　通史編』第七巻(近代Ⅰ)、長野県史刊行会。

西垣晴次、一九八三『お伊勢まいり』岩波新書。

西川順土、一九八八『近代の神宮』神宮文庫。

西宮秀紀、二〇〇四『律令国家と神祇祭祀制度の研究』塙書房。

西宮秀紀、二〇一九『伊勢神宮と斎宮』岩波新書。

野呂田純一、二〇一五『幕末・明治の美意識と美術政策』宮帯出版社。

パイン、スティーヴン・J、二〇〇三『ファイア　火の自然誌』寺嶋英志訳、青土社。

バタイユ、ジョルジュ、二〇一八『呪われた部分――全般経済学試論・蕩尽』酒井健訳、ちくま学芸文庫。

バード、イザベラ、二〇一三『完訳　日本奥地紀行4　東洋文庫833』金坂清則訳注、平凡社。

平泉隆房、二〇〇六『中世伊勢神宮史の研究』吉川弘文館。

廣池千九郎、一九七五「伊勢神宮と我国体」『廣池博士全集』第四冊、広池学園事業部。

福山敏男、一九七五「神宮の建築とその歴史」『神宮　第六十回神宮式年遷宮』小学館。

藤田覚、二〇一三『幕末の天皇』講談社学術文庫。

フジタニ、タカシ、一九九四『天皇のページェント――近代日本の歴史民族誌から』ＮＨＫブックス。

フジタニ、タカシ、二〇二一『共振する帝国――朝鮮人皇軍兵士と日系人米軍兵士』板垣竜太／中村理香／米山リサ／李孝徳訳、岩波書店。

ブリーン、ジョン、二〇一五『神都物語――伊勢神宮の近現代史』吉川弘文館。

ベネディクト、ルース、二〇〇五『菊と刀――日本文化の型』長谷川松治訳、講談社学術文庫。

ベネディクト、ルース、二〇〇八『文化の型』米山俊直訳、講談社学術文庫。

ボヌイユ、クリストフ／フレソズ、ジャン＝バティスト、二〇一八『人新世とは何か――〈地球と人類の時代〉の思想史』野坂しおり訳、青土社。

マクニール、ウィリアム・H、二〇〇七『疫病と世界史』上・下、佐々木昭夫訳、中公文庫。

益田兼房、一九九五「会議報告――世界遺産条約と世界文化遺産奈良コンファレンス」『建築史学』第二四号。

町田正三、一九八二『木曽御料林事件』銀河書房。

松本秀柴、一九一二「世古格太郎延世略伝」『三重県史談会会誌』第三巻第四号。

丸山茂、一九九六『日本の建築と思想――伊東忠太小論』同文書院。

三井昭二、一九九六「戦前・戦時の日本林業と林政――戦後への遺産と教訓」『森林科学』第一八号。

嶺一三、一九九五「伊勢神宮の式年遷宮と神宮林の使命」『第六十一回神宮式年遷宮記念――遷宮論集』神社本庁。

村松伸、一九九三「従軍建築家たちの夢――大東亜建築史序説」『現代思想』第二一巻一号、青土社。

モース、マルセル、二〇一四『贈与論　他二篇』森山工訳、岩波文庫。

森田悌、一九九七『日本古代の政治と宗教』雄山閣出版。

山口輝臣、二〇〇五『明治神宮の出現』吉川弘文館。

山本ひろこ、一九九四「迷宮としての伊勢神宮――調書・高宮神鏡紛失事件」『思想』第八四四号。

吉川竜実、二〇一二『「遷宮物語」――江戸時代の遷宮啓蒙誌を読む』伊勢神宮崇敬会叢書十六、伊勢神宮崇敬会。

吉見俊哉、一九九一「境界としての伊勢――明治国家形成と〈外部〉の変容」赤坂憲雄編『方法としての境界』新曜社。

吉村武彦、二〇一〇『ヤマト王権』シリーズ日本古代史②、岩波新書。

和田萃、一九九五『日本古代の儀礼と祭祀・信仰』中巻、塙書房。

和田国次郎、一九三五『明治大正御料事業誌』林野会。

渡辺穣、二〇〇八「〈研究ノート〉明治期における尾崎行雄の選挙(二)――好友会の盛衰」『法政史学』第七〇号。

欧文文献

Barnes, Gina Lee. 2003. *State Formation in Japan: Essays on Yayoi and Kofun Period Archaeology*. New York; London: Routledge Curzon.
Benedict, Burton. 1983. "The Anthropology of World's Fairs." In *The Anthropology of World's Fairs: San Francisco's Panama International Exposition of 1915*. Berkeley, CA: Scolar Press.
Bird, Isabella. 1880. *Unbeaten Tracks in Japan*. 2nd ed. London: John Murray.
Chamberlain, Basil Hall. 1901. *A Handbook for Travellers in Japan*, 6th ed. London: John Murray.
Choay, Françoise. 2001. *The Invention of the Historic Monument*. Translated by Lauren M. O'Connell. Cambridge, UK: Cambridge University Press.
Clancey, Gregory. 2006. *Earthquake Nation*. Berkeley, CA: University of California Press.
Codere, Helen. 1950. *Fighting with Property: A Study of Kwakiutl Potlatching and Warfare, 1792-1930*. New York: J. J. Augustin.

Conlan, Thomas Donald. 2011. *From Sovereign to Symbol: An Age of Ritual Determinism in Fourteenth-Century Japan*. New York: Oxford University Press.

Dresser, Christopher. 2001. *Japan: Its Architecture, Art, and Art Manufactures*. 1881; London: Kegan Paul.

Drexler, Arthur. 1955. *The Architecture of Japan*. New York: Museum of Modern Art.

Duara, Prasenjit. 2003. *Sovereignty and Authenticity: Manchukuo and the East Asian Modern*. Lanham, UK: Rowman and Littlefield.

Edwards, Walter. 1991. "Buried Discourse: The Toro Archaeological Site and Japanese National Identity in the Early Postwar Period." *Journal of Japanese Studies* 17 no. 1: pp. 1–23.

Fergusson, James. 1876. *A History of Architecture in All Countries: From the Earliest Times to the Present Day*. London: John Murray.

Geary, Patrick J. 1978. *Furta Sacra: Thefts of Relics in the Central Middle Ages*. Princeton, NJ: Princeton University Press.

Gluck, Carol. 1985. *Japan's Modern Myths: Ideology in the Late Meiji Period*. Princeton, NJ: Princeton University Press.

Ito, Nobuo. 1995. "'Authenticity' Inherent in Cultural Heritage in Asia and Japan." In *Nara Conference on Authenticity in Relation to the World Heritage Convention*, edited by Knut Einar Larsen and Jukka Jokilehto. UNESCO World Heritage Centre.

Kestenbaum, Jacqueline Eve. 1996. "Modernism and Tradition in Japanese Architectural Ideology, 1931–1955." PhD dissertation, Columbia University.

Kidder, Jonathan Edward. 2007. *Himiko and Japan's Elusive Chiefdom of Yamatai: Archaeology, History, and Mythology*. University of Hawai'i Press.

Larsen, Knut Einar / Jokilehto, Jukka. eds. 1995. *Nara Conference on Authenticity in Relation to the World Heritage Convention*. Paris: UNESCO World Heritage Centre.

Loo, Tze May. 2010. "Escaping Its Past, Recasting the Grand Shrine of Ise." *Inter-Asia Cultural Studies* 11, no. 3 (September 1): pp. 375–392.

Lurie, David Barnett. 2009. "The Suda Hachiman Shrine Mirror and Its Inscription." *Impressions*, no. 30: pp. 27–31.

McClain, James. 1994. "Edobashi: Power, Space, and Popular Culture in Edo." In *Edo and Paris: Urban Life and the State in the Early Modern Era*, edited by James McClain, John Merriman, and Ugawa Kaoru. Ithaca: Cornell University Press.

Munjeri, Dawson. 2004. "Tangible and Intangible Heritage: from Difference to Convergence." *Museum International* 26, no. 1–2.

Ooms, Herman. 2009. *Imperial Politics and Symbolics in Ancient Japan: The Tenmu Dynasty, 650-800*. Honolulu: University of Hawai'i Press.

Parent, Michel. 1979. "Item 6 of the Provisional Agenda: Principles and Criteria for Inclusion of Properties on World Heritage List." *Third Session of the World Heritage Committee*, 23–27 October.

Petzet, Michael. 1995. "'In the Full Richness of their Authenticity': The Test of Authenticity and the New Cult of Monuments." In *Nara Conference on Authenticity*, edited by Knut Einar Larsen and Jukka Jokilehto. UNESCO World Heritage Centre.

Piggott, Joan R. 1997. *The Emergence of Japanese Kingship*. Stanford, CA: Stanford University Press.

Reynolds, Jonathan M. 2001. "Ise Shrine and a Modernist Construction of Japanese Tradition." *The Art Bulletin* 83, no. 2: pp. 316–341.

Rots, Aike P. 2017. *Shinto, Nature and Ideology in Contemporary Japan: Making Sacred Forests*. London: Bloomsbury Publishing.

Ruoff, Kenneth. 2010. *Imperial Japan at Its Zenith*. Berkeley, CA: University of California Press.

Satow, Ernest Mason. 2015. *The Diaries of Sir Ernest Mason Satow, 1870-1883: A Diplomat in Japan, Part II*. Tokyo: Eureka Press.

Sekino, Masaru. 1978. "Principles of Conservation and Restoration Regarding Wooden Buildings in Japan." In *International Symposium on Conservation and Restoration of Cultural Property: Conservation of Wood*. Tokyo National Research Institute of Cultural Properties.

Siebold, Philipp Franz von, ed. 1852. *Manners and Customs of the Japanese: Japan and the Japanese, in the Nineteenth Century. From Recent Dutch Travels, Especially the Narrative of Von Siebold*. London: John Murray.

Spiers, R. Phené. 1878. "Discussion of Mr. Conder's Paper: Notes on Japanese Architecture," *Sessional Papers Read at the Royal Institute of British Architects, 1876-77*.

Stovel, Herb. 2008. "Origins and Influence of the Nara Document on Authenticity." *APT Bulletin* 39, no. 2–3.

Tange, Kenzo / Kawazoe Noboru, eds. 1965. *Ise, Prototype of Japanese Architecture*. Cambridge, MA: M. I. T. Press.

Taut, Bruno. 1937. *Houses and People of Japan*. Tokyo: The Sanseido Co.

Teeuwen, Mark / Breen, John. 2017. *A Social History of the Ise Shrines: Divine Capital*. London: Bloomsbury Publishing.

Terry, T. Philip. 1914. *Terry's Guide to the Japanese Empire*. NY: Houghton and Mifflin Co.

Tsutsui, William M. 2003. "Landscapes in the Dark Valley: Toward an Environmental History of Wartime Japan." *Environmental History* 8, no. 2: pp. 294–311.

Uchida, Jun. 2011. *Brokers of Empire: Japanese Settler Colonialism in Korea, 1876-1945*. Cambridge, MA: Harvard University Press.

原史料および資料集成類

〈国立公文書館所蔵資料〉

① 「古器旧物各地方ニ於テ保存」『太政類典・第一編・慶応三年～明治四年・第九十七巻・産業・展覧会』太 00097100

② 「御造営材木種調査方委嘱之件」昭和一四年六月一四日『事業録　試験及調査之部　神宮御造営材一件書類事甲12号　昭和14年度』平19農水 20084100

③ 『神祇省記録第九七・共一七三本・伊勢二・神宮二』昭56警察 00016100

④ 「神宮式年御造営挙行ニ付費用ヲ調査シ年度ノ区別ヲ立テ更ニ稟候セシム但遷宮等ノ典ハ宮内省ヘ商議セシム」『公文類聚・第六編・明治十五年・第六十巻・社寺二・神社祀典附』類 00060100

⑤ 「神宮式年御造営諸費並御樋代渡方ノ件」『公文録・明治十五年・第五十八巻・明治十五年十一月・内務省二』公 03266100

⑥ 「神宮黄金御樋代ハ現今ノモノヲ以テ永世ノ御料トス」『公文類聚・第二十五編・明治三十四年・第十八巻・地理・土地・森林、社寺・神社、賞恤・褒賞・恩給・賑恤』類 00923100

⑦ 「神宮御樋代幷神宝金具造神宮使建議ニヨリ一通ヲ新調シ爾後遷宮毎ニ交互供進セシム」『公文類聚・第十編・明治十九年・第三十五巻・土地・土地諸則～墾開、社寺・神社～陵墓』類 00281100

⑧ 帝室林野局名古屋支局『出ノ小路神宮備林檜大樹台帳　昭和14年調査』平19農水 20082100

⑨帝室林野局名古屋支局『出ノ小路神宮備林檜大樹台帳』平19農水20083100
⑩出ノ小路神宮御造営材伐出掛「出ノ小路神宮備林　神宮御造営材造材注意書」『完結公文書綴　昭和16年度備林係』平19農水20087100
⑪「報告」昭和一七年一〇月一日『事業録　試験及調査之部　神宮御造営材一件書類　事甲12号　昭和14年度』平19農水20084100
⑫「万治元年内宮御炎上之事」『二宮叢典補遺』巻四六、142-0075

〈国立公文書館所蔵以外の原史料・資料集成類〉
⑬「吾妻鏡　前篇　新装版」『新訂増補　国史大系』第三二巻、黒板勝美編、吉川弘文館、二〇〇〇。
⑭「意見十二箇条」『群書類従』第二七輯・雑部、続群書類従完成会、一九三一。
⑮「伊勢二宮さき竹の弁」『本居宣長全集』第八巻、大野晋／大久保正編集校訂、筑摩書房、一九七二。
⑯「囲炉間談」『増補大神宮叢書一五　神宮随筆大成』前篇、神宮司庁編、吉川弘文館、二〇〇八。
⑰「氏経卿神事記　第二」『史料纂集　古記録編』野村朋弘／比企貴之校訂、八木書店、二〇一六。
⑱『伊勢山田博覧会稟告』度会県庁／神宮司庁博覧会掛編、三重県立図書館蔵、発行年なし(一八七三?)。
⑲「浮世の有さま」『日本思想大系58　民衆運動の思想』岩波書店、一九七〇。
⑳『大久保利通関係文書　第二』立教大学日本史研究室編、吉川弘文館、一九六六。
㉑「御薩見聴集」『増補大神宮叢書二三　神宮近世奉賽拾要』前篇、神宮司庁蔵版、吉川弘文館、二〇一五。
㉒『折田年秀日記』第二巻、湊川神社編、湊川神社、二〇〇二。
㉓『鹿児島県史料　忠義公史料』第四巻、鹿児島県維新史料編さん所編、鹿児島県、一九七七。
㉔「寛延二年外宮遷宮記」『神宮遷宮記』第六巻、神宮司庁編、神宮式年造営庁、一九九五。
㉕「閑際随筆」『増補大神宮叢書一五　神宮随筆大成』前篇、神宮司庁編、吉川弘文館、二〇〇八。

㉖「寛正三年造内宮記」『神宮遷宮記』第四巻、神宮司庁編、神宮式年造営庁、一九九二。
㉗「寛政遷宮物語」『神宮遷宮記』第六巻、神宮司庁編、神宮式年造営庁、一九九五。
㉘『官報』明治三一年六月一日号外。
㉙「元禄二年外宮遷宮記」『神宮遷宮記』第五巻、神宮司庁編、神宮式年造営庁、一九九五。
㉚『小泉八雲全集』第四巻、戸沢正保／石川林四郎／田部隆次訳、第一書房、一九二七。
㉛「交替式・弘仁式・延喜式」『新訂増補 国史大系』第二六巻、黒板勝美編、吉川弘文館、二〇〇〇。
㉜「皇太神宮儀式帳」『神道大系 神宮編』一、神道大系編纂会、一九七九。
㉝『神苑会史料』藤井清司編、神苑会清算人事務所、一九一一。
㉞『神宮遷宮記』第七巻（図録篇）、神宮司庁編、神宮式年造営庁、一九九三。
㉟『神宮徴古館陳列品図録』神宮徴古館農業館編、神宮徴古館農業館、一九四一。
㊱「神宮撤下御装束神宝伝達式概況」神宮司庁広報室編、『瑞垣』二号・一〇月、神宮司庁、一九三一。

㊲「神宮編年記」『大神宮故事類纂』雑載部四、変災四、神宮司庁編、丸善（マイクロフィルム）、一九七三。

㊳「神宮編年記」『大神宮故事類纂』雑載部五、変災五、神宮司庁編、丸善（マイクロフィルム）、一九七三。

㊴『神社局時代を語る（懇談会速記）』神祇院（主催）、神祇院教務局調査課、一九四二。

㊵「世古延世書簡」明治六年四月付、大隈重信宛、早稲田大学中央図書館蔵、イ一四B一九二八。

㊶「台記」『増補史料大成』第二三巻、臨川書店、一九八九。

㊷「大神宮儀式解」『増補大神宮叢書』五・六、神宮司庁編、吉川弘文館、二〇〇六。

㊸『大神宮故事類纂』神宮司庁編、丸善（マイクロフィルム）、一九七三。

㊹「太神宮諸雑事記」『神道大系 神宮編』一、神道大系編纂会、一九七九。

㊺『徴古館案内陳列品目録』田中芳男編、神苑会徴古館、一九〇九。

㊻「天正十三年造宮記」『神宮遷宮記』第四巻、神宮司庁編、神宮式年造営庁、一九九二。

㊼「天和炎上覚書」『宇治山田市史資料』神宮篇三七、宇治山田市役所、伊勢市立図書館蔵。

㊽「天和三年内宮臨時遷宮之覚」『神宮遷宮記』第五巻、神宮司庁編、神宮式年造営庁、一九九五。

㊾『蜷川式胤「奈良の筋道」』蜷川式胤［原著］／米崎清実、中央公論美術出版、二〇〇五。

㊿「日本書紀」『新編 日本古典文学全集』二・三・四、小島憲之他校注・訳、小学館、一九九四。

51「不知記」『図書寮叢刊 御産部類記』上、宮内庁書陵部、一九八一。

52「文永三年御遷宮沙汰文」『神宮遷宮記』第一巻、神宮司庁編、神宮式年造営庁、一九九二。

53『三重県下幕末維新勤王事蹟資料展覧会目録』神宮文庫編、神宮司庁、一九三六。

54『三重県紳士録』服部英雄編、三重県紳士録編纂会、一九一五。

55『南方熊楠全集』第七巻（書簡一）、平凡社、一九七一。

56「宮川日記」『増補大神宮叢書 一二 神宮參拝記大成』神宮司庁編、吉川弘文館、二〇〇七。

57「明治三年庚午六月建白」世古延世『建白草案 明治二・三草案』一門八七四一号、神宮文庫蔵。

58『明治十二年明治天皇御下命「人物写真帖」』宮内庁三の丸尚蔵館編、宮内庁、二〇一三。

59『明治天皇紀』第一〇巻、宮内庁編、吉川弘文館、一九七四。

60『明治二年内宮正遷宮諸祭心覚大概』神宮文庫蔵、一門一二〇八〇号。

61『両宮造替一件・度会府』三重県立総合博物館蔵。

あとがき

伊勢神宮は不思議な場所だ。また、美しい所でもある。その自然と建築の美しさはわれわれを惹きつけ、各自異なる形でではあるが、聖なる感覚、あるいは荘厳崇高な感覚を呼び起こされる。しかし、凡庸な場所として経験することも可能だ。参拝者と観光客が何世紀もこの場所に足を運んできた証しに、古来の土産物も近代のキッチュも店頭に並ぶ門前町があり、夜遊びの店もある。聖俗混淆だ。

一九八〇年代に建築史学の留学生として初めて伊勢を訪ねた時にこの混淆を経験した。内宮宇治橋から遠くない参宮街道沿いの民宿に泊まったのだが、散策した近辺の街の日常性は、私が想い描いてきた荘厳で神秘的な〈イセ〉と矛盾するように感じた。

そしてその晩、半分狼半分猫のような不思議な動物が後ろ足で踊っている夢を見た。その夢は東京に戻っても頭に残っていた。数日後に会った芸大生の友達が木炭で描いたスケッチをくれたのだが、それはなんと、私が伊勢で夢に見た動物の絵だった。四〇年近く経った今振り返ると、この不思議な経験は単なる偶然か、あるいは何か幻想的な事を信じたいという当時の願望の産物と解することができる。現に、記憶というものはあまりに誤りがち（あるいは創造的というべきか）であるから、夢を見る前にスケッチをもらっていたのに、その後いつの間にか、伊勢から戻って初めて見たと、頭の中で出来事の順番を変えてしまった可能性もある。いずれにしても、伊勢神宮のような場所はこうした不思議な経験を引き起こす何かを持っている。その霊力はわれわれに向かって手を伸ばし、あるいは抱き込んで、見えない世界の想像《イマジュリー》に実在性を与える物や感覚、雰囲気を提供してくれるのだ。

日本近代史の研究者として私はこれまで、どちらかといえば非日常や聖なるものより、日常的な俗世界に焦点を当てて研究してきた。伊勢神宮について調べることになるとは思っていなかったが、たまたま「近代世界と文化遺産」というテーマの企画に論文を寄せる機会を与えられた。他の参加者全員がヨーロッパの専門家のなか、「アジア」を代表することになった立場から、日本のどの文化遺産の事例なら多くのヨーロッパ人に知られているだろうかと考えた末、最も有名なのは伊勢神宮ではないかと気づいた。また伊勢神宮は彼らが抱く「文化遺産」概念に対して大きな問題提起をする事例でもあるので、文化遺産に関する世界の思想的動向における伊勢神宮の位置付けを考察する論文を執筆することにした。この論文は形を変えて岩波書店の雑誌『図書』の連載となり(二〇一三年一一月〜二〇一四年八月)、それが本書第八章の基となっている。

その論文の執筆中、久しぶりに伊勢に行き、神宮文庫と神宮広報室を訪ねた。ふとしたことから話は遷宮後の古い神宝の行方に及び、現在は「遺産」に相応しい形で保存されているが、かつては大部分が土中に埋められたことを知った。これは近現代における文化遺産言説を超える、神宮の歴史にとってさらに根本的なことを仄めかす事実に思えた。同時に、貴重な財物を時には破壊したり、海に投棄したりする「ポトラッチ」の儀式が連想された。こうして伊勢神宮に関する二つ目の研究の緒を得ることになった。

古代・中世史の専門知識を持たず、これまで神道について研究した経験もない者として、これは無謀な試みであった。伊勢神宮の先行研究の蓄積は相当規模あるが、専門家以外にはあまり広くは知られていない。また外部の人には簡単に知ることができないことも多い。中世以降の史料は豊富にあるが、神宮の外ではさほど活用されないものが多い。例えば二〇年ごとに綴られてきた遷宮記は神宮司庁によって大半が刊行されているが、遷宮は毎回同じという一般的認識からなのか、神宮の儀礼を専門とする少数の研究者以外にはそれほど読まれていない気がする。一方、日本史分野で、伊勢神宮の組織、制度や信仰にまつわる各時代の社会史や政治史について、大きな蓄積がある。そこで複数の時代を縦断しながら、私は伊勢神宮を構成する物質的な「物」について、歴史記録は何を語るかに焦点を絞ることにし、本書を〈物の歴史〉とすることにした。

それゆえ本書は伊勢神宮論というより、本質において「物」論の試みである。人間が創る物はわれわれ自身の延長であるという観点に立てば、物はわれわれの政治思想をも内包する。たとえば、脱工業化の現代社会では物が溢れており、その事実がもたらす「昔は、物はすべて大事にされた」という思い込み自体に、今のわれわれの脱工業的な「物との関係」が現れているのである。しかし実のところ、各時代にその政治があるように、つまり大雑把な言い方をすれば、封建時代には封建的な物との関係があったし、絶対王政の時代には絶対王政的な物との関係もあったはずである。物の扱いを通じて政治思想を読み解くという歴史叙述の実験に、伊勢神宮は研究資料を与えてくれた。

本書が、広く信じられている観念や常識が実は虚構だと暴く一冊だと捉える読者もおられるかもしれない。一般的には、私は疑義なく受容されているどんな「正論」にも抗いたい人間ではあるが、伊勢神宮での私の関心はむしろ、聖なる物や俗なる物、そしてその間にある物について、人々がこれらの物から紡ぎ出す「物語」にある。宗教や信仰に対する批判を意図するものではない。世の中の大半は突き詰めれば不思議かつ不可解であり、だからこそわれわれは物語を創造するのだろう。だれであれ信じたい物語を信じる自由を持つべきである。

伊勢神宮は、物や空間から物語が生まれる場として、常に再発明されていく。今の時代の「パワースポット」現象もその一例である。このように伊勢神宮の意味が変わるのも当然である。つまり世界には創造的な力を持つ特別な場所《トポス》があり、伊勢神宮はその一つなのである。

本書の研究と執筆には実に多くの人の助力が不可欠であった。謝辞に代えてここに簡単に記したい。神宮文庫、神宮徴古館、神宮広報室の職員の方々、また皇學館大学の先生がたからは多くの貴重なアドバイスをいただいた。今泉宜子さん、稲賀繁美さん、ジョン・ブリーンさん、保立道久さんにも有益な話を伺うことができた。ジョージタウン大学、コロンビア大学の同僚は原稿の一部にコメントを寄せてくれた。池田真歩さんと安部玄将さんは古文書の翻刻と解釈の面で私の弱点を補い、大いに助けてくれた。安部さんは文献チェックに加えて、独自の研究と調査でかけがえのない助手となってくれた。また、二〇二二～二三年の間グッゲンハイム財団からの研究助成金のおかげで本書を仕上げることができた。岩波書店の松原あやかさんと富田武子さんは長いあいだ本書の企画を見守り、辛抱強く編集に当たってくれた。

母語ではない言語で書くのも実験で、手助けがなくては到底なしえないものだった。英語の下書きを自分で翻訳してから連れあいの新川志保子に修正してもらった。そして富田武子さんは『図書』での連載時から私の日本語を丁寧にチェックし、修正提案をしてくれた。「共訳」と呼ぶ方がいいくらいだが、しかしその過程で残ったかもしれない歴史解釈の誤りは私だけのものなので、文責はすべて私にある。

ジョルダン・サンド

二〇二三年夏

ジョルダン・サンド Jordan Sand
1960年米国・ニュージャージー州プリンストン生まれ．1984年に日本に留学，1988年東京大学工学部建築学科修士（建築史学専攻），1995年コロンビア大学歴史学科博士（日本近代史専攻）．現在，ジョージタウン大学教授，國學院大學特別招聘教授．著書に『東京ヴァナキュラー——モニュメントなき都市の歴史と記憶』（池田真歩訳，新曜社2021年），『帝国日本の生活空間』（天内大樹訳，岩波書店2015年），*House and Home in Modern Japan: Architecture, Domestic Space, and Bourgeois Culture, 1880–1930*（Harvard University Asia Center，2003）など．

破壊と再生の伊勢神宮

2023年12月5日　第1刷発行

著　者　ジョルダン・サンド

発行者　坂本政謙

発行所　株式会社 岩波書店
〒101-8002 東京都千代田区一ツ橋2-5-5
電話案内 03-5210-4000
https://www.iwanami.co.jp/

印刷・法令印刷　カバー・半七印刷　製本・牧製本

ISBN 978-4-00-061619-5　　Printed in Japan